C·H·Beck

PAPERBACK

Josef Braml

# Die Transatlantische Illusion

Die neue Weltordnung und wie wir
uns darin behaupten können

C.H.Beck

Für Hans und Irene Seemann, die mir den
Zweiten Bildungsweg vom niederbayerischen
ins globale Dorf gewiesen haben

Originalausgabe
© Verlag C.H.Beck oHG, München 2022
www.chbeck.de
Umschlaggestaltung: geviert.com, Michaela Kneißl
Umschlagabbildung: Motive von Shutterstock
Satz: C.H.Beck.Media.Solutions, Nördlingen
Druck und Bindung: Pustet, Regensburg
Gedruckt auf säurefreiem und alterungsbeständigem Papier
(hergestellt aus chlorfrei gebleichtem Zellstoff)
Printed in Germany
ISBN 978 3 406 78502 3

myclimate
klimaneutral produziert
www.chbeck.de/nachhaltig

# Inhalt

# Einleitung

Die Weltpolitik ist im Umbruch. Können wir es uns leisten, diesen Wandel zu ignorieren? Reicht es aus, die alten Rezepte und Strategien zu wiederholen, mit denen die Bundesrepublik sich die weltpolitischen Zumutungen in den letzten Jahrzehnten mehr oder weniger hat vom Hals halten können? Wenn wir unseren Wohlstand und unsere Sicherheit im 21. Jahrhundert bewahren wollen, dürfen wir unsere Politik nicht auf Illusionen aufbauen. Wir müssen die weltpolitischen Entwicklungen in der gebotenen Schärfe analysieren und jenseits der alten Graben- und Positionskämpfe darüber nachdenken, wie wir uns in der sich herausbildenden neuen Weltordnung behaupten können.

Doch obwohl sich in der politischen Klasse alle einig sind, dass außenpolitisch große Aufgaben auf uns zukommen, spielte die Außenpolitik im Bundestagswahlkampf 2021 kaum eine Rolle. Selbst nach dem Debakel des Afghanistan-Abzugs gab es keine Diskussionen über grundsätzliche Fragen, sondern nur moralische Scheingefechte auf Nebenkriegsschauplätzen. Das ist bemerkenswert für ein Land, dessen Sicherheit prekär ist und dessen international verflochtene Wirtschaft sich den weltpolitischen Gegebenheiten in besonderer Schärfe ausgeliefert sieht.

Liest man den Koalitionsvertrag zwischen SPD, Grünen und FDP, dann fällt ein merkwürdiges Ungleichgewicht ins Auge: Während das Wort «Werte» in den außenpolitischen Passagen fast auf jeder Seite vorkommt, sucht man das Wort «Interessen» beinahe vergeblich, so als hätte die Bundesrepublik keine wirtschaftlichen oder geostrategischen Interessen, und als ginge es nur darum, sich idealistisch für das Wohl der Welt zu engagieren. Man muss nicht so weit gehen wie die «realistische Schule» in der Analyse der internationalen Beziehungen, die das Verhalten von Staaten vor allem anhand des Begriffspaars «Macht» und «Interessen» untersucht. Aber natürlich hat auch Deutschland ganz klassische Interessen, an Absatzmärkten, an Rohstoffen und Energieträgern, an Handelswegen und auch an Sicherheit. Die merkwürdige Scheu, diese zu benennen, dürfte in den Hauptstädten dieser Welt eher für Misstrauen sorgen, ist aber historisch gut zu erklären. Denn die Geschichte der alten Bundesrepublik war gewissermaßen eine Zwischenzeit der «Machtvergessenheit»[1]. Die Bonner Republik zog aus ihrer desaströsen Vorgeschichte, insbesondere der Zeit des Nationalsozialismus, ihre Lehren, indem sie statt Macht- «Verantwortungspolitik» betrieb, das Denken in nationalen Interessen tabuisierte und ihre Sicherheit der Sieger- und Schutzmacht USA anvertraute. Mit dieser Strategie ist die Bundesrepublik in den letzten Jahrzehnten gut gefahren. Aber taugt sie auch für die Zukunft?

Es gibt in letzter Zeit verstärkt Stimmen, die genau dies anzunehmen scheinen und fordern, die transatlantische Partnerschaft zu stärken. Wenn damit gemeint ist, intensive Beziehungen zu Washington zu pflegen und sich um einen verstärkten Austausch zu bemühen, so ist daran auch gar nichts falsch. Die USA waren und sind für Deutschland ein wichtiger Partner. Der Glaube allerdings, dass Washington in Zukunft in derselben Weise wie früher unsere Sicherheit garantieren und unsere Interessen mitvertreten wird, ist eine Illusion. Es ist die transatlantische Illusion.

Anlässlich des Afghanistan-Debakels dominierte in unseren Debatten der Vorwurf an Washington, seine Verbündeten bei einer eigentlich vorhersehbaren politischen Entscheidung nicht konsultiert und informiert zu haben. Nicht erst seit Amerikas

Rückzug aus Afghanistan sollte jedoch Europas Regierungsverantwortlichen klar geworden sein, dass sich der Alte Kontinent nicht mehr auf die früheren Sicherheitsversprechen verlassen kann. Anstatt über Washingtons hemdsärmeligen Umgang
mit seinen Alliierten zu lamentieren, hätte eigentlich ein anderer Sachverhalt im Zentrum der Debatte stehen müssen, nämlich die Tatsache, dass Europa nach wie vor nicht in der Lage
ist, seine Sicherheitsinteressen selbst wahrzunehmen. Und zwar
nicht nur am Hindukusch, wo man lange darüber diskutieren
kann, wie sinnvoll der Einsatz überhaupt war. Sondern ebenso
in der eigenen Nachbarschaft. Das wohlfeile Schimpfen über
die amerikanische Arroganz lenkt im Grunde nur von einem
eigenen Versagen ab, dem Versagen nämlich, dass Europa nicht
fähig ist, sich selbst zu verteidigen. Das macht uns erpressbar
und führt dazu, dass man den deutschen und europäischen Interessen in Washington im Ernstfall genau das Gewicht bei-
misst, das sie auf die Waage bringen.

Die Bestimmung von Interessen musste und muss im
Deutschland der Nachkriegszeit auf der Grundlage des Grundgesetzes erfolgen und ist daher notwendigerweise normativ
gebunden. Daher wäre es auch ein Missverständnis, in der politischen Debatte einen Gegensatz zwischen «Interessen» und
(moralisch höheren) «Werten» konstruieren zu wollen. «‹Interessen› betreffen … stets Werte und materielle Güter, ‹nationale
Interessen› beinhalten dementsprechend Macht- und Wohl-
standsziele ebenso wie Ideale, sie beziehen sich nicht nur auf
das ‹Sein›, sondern auch auf das ‹Sollen›», erläuterte der deutsche Politikwissenschaftler Hanns Maull, der als Vordenker
einer deutschen «Zivilmacht» nicht gerade im Verruf steht,
noch dem alten Großmachtdenken des 19. Jahrhunderts verhaf-
tet zu sein.[2]

Die normativen Vorgaben des Grundgesetzes umfassen das
Friedensgebot und das Ziel der europäischen Integration (Prä-
ambel), den Vorrang des Völkerrechts vor dem nationalen Recht

(Art. 25 GG), das Verbot von Vereinigungen, die sich gegen den Gedanken der Völkerverständigung richten (Art. 9, Abs. 2 GG), sowie die Achtung und Wahrung der Menschenrechte weltweit als Grundlage des Friedens (Art. 1, Abs. 2 GG).[3] Auf der Basis dieser Werte stellte die damalige Bundesverteidigungsministerin Ursula von der Leyen im Juli 2016 das weiterhin gültige «Weißbuch» vor.[4] Darin werden die folgenden «sicherheitspolitischen Interessen Deutschlands» aufgezählt:

- «Schutz der Bürgerinnen und Bürger sowie der Souveränität und territorialen Integrität unseres Landes;
- Schutz der territorialen Integrität, der Souveränität sowie der Bürgerinnen und Bürger unserer Verbündeten;
- Aufrechterhaltung der regelbasierten internationalen Ordnung auf der Grundlage des Völkerrechts;
- Wohlstand unserer Bürgerinnen und Bürger durch Prosperität unserer Wirtschaft und freien sowie ungehinderten Welthandel;
- Förderung des verantwortungsvollen Umgangs mit begrenzten Ressourcen und knappen Gütern in der Welt;
- Vertiefung der europäischen Integration und
- Festigung der transatlantischen Partnerschaft.»[5]

Gemäß dieser Interessendefinition ist deutsche Außen- und Sicherheitspolitik zum einen darauf ausgerichtet, die internationalen Beziehungen durch Institutionen zu verrechtlichen und damit berechenbarer zu machen, sowie zum anderen, durch eine international handlungsfähige Europäische Union und die Zusammenarbeit mit Verbündeten ihre Gestaltungsfähigkeiten zu verbessern. Angesichts der elementaren sicherheitspolitischen Abhängigkeit Deutschlands, insbesondere von der sogenannten Schutzmacht USA, ist dies auf den ersten Blick nur folgerichtig: «Nur im Verbund mit anderen kann Deutschland sein Territorium und seine offene Gesellschaft schützen, seine begrenzten Ressourcen effektiv einsetzen sowie seine Innovations- und Produktivkräfte entfalten. Wahrnehmung deutscher Interessen bedeutet deshalb immer auch Berücksichtigung der Interessen unserer Verbündeten und befreundeten Nationen.»[6] Gleichwohl wird im Nachsatz auch deutlich gemacht, dass zugleich «unsere Handlungsfähigkeit im internationalen – besonders europäischen und transatlantischen – Verbund auf einer klaren nationalen Positionsbestimmung» beruht.[7]

Demnach hat Deutschland zwar eigene, aber keine autonomen, sondern «verflochtene» Interessen.[8] In vielen Politikfeldern ist es offensichtlich, dass nationale Interessen nur durch internationale Kooperation gewahrt werden können. Angesichts globaler Umweltrisiken wie des Klimawandels sowie transnationaler Sicherheitsbedrohungen wie der aktuellen COVID-19-Pandemie sollte schon der gesunde Menschenverstand nahelegen, dass die Repräsentanten von Staaten – egal, welcher Regierungsform – im Sinne gemeinsamer Interessen kooperieren.

Doch die Interessen Deutschlands sind nicht immer identisch oder kompatibel mit denen anderer Staaten, auch nicht mit jenen der vermeintlichen Schutzmacht USA. Die Einsicht in eine veränderte Interessenslage ihrer sogenannten Freunde fällt Deutschlands Regierungsverantwortlichen und geistigen Eliten besonders schwer, zumal deutsche Außenpolitik, geläutert durch die historische Erfahrung des Nationalsozialismus, seit der Nachkriegszeit zwei zentrale Interessen verfolgt hat: die nordatlantische Bindung an die USA und die Integration Europas. Beides war ausschlaggebend dafür, dass Deutschland Souveränität zurückerhielt und die Wiedervereinigung erlangte. Diese westliche Einbettung war insbesondere auch im Interesse der anderen europäischen Staaten, um die «deutsche Frage» abschließend zu beantworten und einen künftigen «Sonderweg» Deutschlands zu verhindern.[9]

Es war jedoch kein Geringerer als der Präsident der Weltmacht USA, Donald Trump, der beide Grundpfeiler deutscher

Außenpolitik ins Wanken brachte, indem er das NATO-Bündnis infrage stellte und das für ihn «feindliche» Europa nach dem römischen Prinzip des *divide et impera* zu teilen suchte, um die einzelnen Staaten dann noch besser beherrschen zu können. Die Lage für Deutschland und Europa ist umso kritischer, wenn man bedenkt, dass Donald Trump kein Unfall der amerikanischen Geschichte war, sondern ein Symptom tieferer, in Gesellschaft, Wirtschaft und Politik der nicht mehr so Vereinigten Staaten von Amerika schon seit Längerem schwelender Grundprobleme ist.

Es hätte nur wenige Stimmen in den entscheidenden «Swing States» gebraucht und statt Joe Biden säße weiterhin Donald Trump im Weißen Haus. Niemand kann voraussagen, ob das Pendel bei den nächsten Wahlen nicht in die andere Richtung ausschlägt. Trump hat die republikanische Partei fest in der Hand. Es ist nicht auszuschließen, dass er wieder antritt. Aber auch wenn dem nicht so sein sollte: Andere republikanische Kandidaten könnten noch herausfordernder für Deutschland und Europa sein. Bleibt es bei der sicherheitspolitischen Abhängigkeit Europas von den USA, dann machen wir uns in der Konsequenz abhängig von den höchst volatilen Ergebnissen der amerikanischen Präsidentschaftswahlen. Das ist in etwa so, als würde man in einem Casino beständig auf Rot setzen – eine höchst riskante und wenig nachhaltige Strategie.

Hinzu kommt noch, dass die Demokraten schon aus innenpolitischen Gründen im Kern ebenfalls eine «America First»-Politik betreiben. Zwar sind sie im Ton konzilianter und insgesamt kompromissbereiter als Trump. Doch Europa hat auch für sie nicht mehr die Bedeutung vergangener Tage. Amerikas Abwendung von Europa und seine «Hinwendung nach Asien» wurde schon von Trumps demokratischem Vorgänger Barack Obama eingeläutet. Und Obamas damaliger Vizepräsident Joe Biden führt diesen Kurs nun umso entschiedener fort, um dem Rivalen China zu begegnen, der in Ostasien Washingtons Hegemonie herausfordert. Amerikas Anspruch, trotz zunehmend knapper werdender Ressourcen eine Weltordnung amerikanischer Prägung aufrechtzuerhalten, dürfte die innerlich geschwächte Weltmacht dazu verleiten, künftig Europas Sicherheitsinteressen noch mehr zu vernachlässigen.

Steigende chinesisch-amerikanische Spannungen drohen zudem die regelbasierte Weltwirtschaftsordnung zu schwächen, auf die exportorientierte Länder wie Deutschland besonders angewiesen sind. Im Ringen um technologische und wirtschaftliche Einflusssphären könnten die USA den Druck auf abhängige Drittstaaten verstärken, mit dem Entzug ihres militärischen und sicherheitsdienstlichen Schutzes drohen und sie vor die Wahl stellen, entweder mit Amerika oder mit China Geschäfte zu betreiben. Das kann so weit gehen, dass wirtschaftliche Waffen wie der US-Dollar und Sekundär-Sanktionen in Stellung gebracht werden, um europäische Staaten zu zwingen, ihre wirtschaftlichen Interessen gegenüber China preiszugeben.

Beide Entwicklungen, die gravierenden inneren Probleme der Weltmacht USA und ihre damit zusammenhängende außenpolitische Umorientierung, sollten den Verantwortlichen in Deutschland und Europa gründlich zu denken geben. Sie können sich auf den Schutz anderer nicht mehr verlassen, lautete auch die nüchterne Analyse der damaligen Bundeskanzlerin Angela Merkel vom Mai 2017 in einem bayerischen Bierzelt.[10]

Um ihre Interessen zu verteidigen, muss deutsche und europäische Politik ihrerseits die noch vorhandenen eigenen Machtressourcen einsetzen, so sie international Gestaltungskraft zurückgewinnen will. Wenn die Europäische Union ein «Global Player» und nicht Spielball anderer Mächte sein soll, muss allen voran Deutschland seine Außenpolitik auch gegenüber den USA entscheidend korrigieren. Damit ist nicht gemeint, die NATO zu verlassen oder das transatlantische Bündnis aufzukündigen. Beides wäre in der gegenwärtigen Lage sicherheitspolitisches Harakiri. Wohl aber geht es darum, den Weg in

Richtung einer von den USA unabhängigen Verteidigungsfähigkeit Europas einzuschlagen, mit dem langfristigen Ziel
eines Bündnisses auf Augenhöhe. Das ist kein einfacher Weg
und auch kein kurzer. Und es ist auch nicht gesagt, dass wir
dafür genügend Zeit bekommen. Denn niemand kann wissen,
wann in Washington erneut jemand wie Trump im Weißen Haus
sitzt. Aber sollte man es deswegen gar nicht erst probieren?

Ebenso wichtig wie die Interessen «befreundeter» Staaten
illusionslos zu analysieren, ist es, die Interessensgegensätze und
-gemeinsamkeiten mit rivalisierenden Staaten auszuloten. Denn
es besteht auch immer die Gefahr, dass die Bedrohungswahr-
nehmungen beider Seiten sich in selbsterfüllende Prophezei-
ungen verwandeln. In der militärisch ausgerichteten «realistischen» Perspektive sind Staaten und ihre Regierungsvertreter
häufig in einem Macht- und «Sicherheitsdilemma»[11] gefangen:
Indem Staaten versuchen, ihre eigene Sicherheit durch Macht-
erweiterung zu erhöhen, schüren sie das Misstrauen und die
Ängste anderer Staaten und verleiten sie dazu, ihrerseits Vor-
kehrungen zu treffen. Das individuelle Streben, insbesondere
der USA, Chinas und Russlands, nach Sicherheit und Macht erzeugt am Ende nur größere Unsicherheit für alle Seiten.

Deutschland und Europa sollten künftig noch größere diplomatische Anstrengungen unternehmen, um dieses «Sicherheitsdilemma» im Verhältnis zu Russland und China zu verringern.
Es ist problematisch, diese Aufgabe vor allem an die Vereinigten Staaten zu delegieren – deren aktuelle Herausforderungen,
Geschichte und Geographie andere geopolitische Interessen
nahelegen. Nach dem Ende des Kalten Krieges waren die USA
für einen historischen Moment die einzig verbliebene Supermacht, und es schien, als könnten sie den Globus nach ihrem
wirtschaftlichen und gesellschaftlichen Modell neu ordnen. Das
Wort vom «Ende der Geschichte» machte die Runde.[12] Diese
Hoffnungen haben sich nicht erfüllt. In der Regierungszeit von
George W. Bush überspannten die USA ihre Kräfte. Vor allem

aber verspielten sie viel von ihrem «Soft-Power-Kapital»[13], da sie sich selbst nicht an die internationalen Regeln und Werte hielten, die sie dem Rest der Welt oft auch mit militärischem Nachdruck, mit ihrer «hard power», empfahlen.

Heute steuert die Welt auf eine multipolare Ordnung zu, in der die USA ein wichtiger, aber nicht mehr der allein dominierende Pol sind. Doch mit dieser Veränderung hat man sich in Washington nicht abgefunden, weshalb es dort im Umgang mit aufstrebenden Mächten wie China nicht bloß um die Durchsetzung der regelbasierten internationalen Ordnung geht, sondern auch um die Aufrechterhaltung der eigenen Hegemonie. Während die USA China eindämmen wollen, hat Europa weniger ein Problem mit dem chinesischen Aufstieg an sich, von dem es vor allem wirtschaftlich profitiert, sondern mehr mit Chinas fehlender Bereitschaft, sich an die Spielregeln der liberalen internationalen Ordnung zu halten. Deutschland und Europa sollten sich deshalb nicht länger der transatlantischen Illusion hingeben, dass die «Schutzmacht» USA für die Sicherheit und den Wohlstand der Alten Welt mit sorgt. Sonst drohen sie zum Kollateralschaden des weltumspannenden Konfliktes zwischen der angeschlagenen Weltmacht USA und dem aufstrebenden China zu werden.

## Der amerikanische Patient:
## Die USA und die liberale Weltordnung

Mit seinem Meisterwerk *La Grande Illusion* versuchte der französische Filmemacher Jean Renoir 1937 der Welt eine Friedensperspektive zu geben, denn er zeigte, wie in einem deutschen Kriegsgefangenenlager im Ersten Weltkrieg alle Rassen, Klassen und Nationen mehr oder weniger zivilisiert zusammenlebten. Doch die Geschichte bewegte sich in eine andere Richtung, und das war Renoir durchaus bewusst. Nach einer gelungenen Flucht aus dem Lager, auf dem Weg über die Grenze in die rettende Schweiz, äußerte Jean Gabin, in der Hauptrolle des Leutnant Maréchal, die Hoffnung, dies möge der letzte Krieg gewesen sein. «Ach, mach Dir keine Illusionen», lautete die trockene Antwort seines Kompagnons Leutnant Rosenthal, gespielt von Marcel Dalio.

Wie schnell sich Ordnungsentwürfe und hehre Ziele als Illusionen erweisen können, dafür ist die Zeit nach dem Ersten Weltkrieg ein gutes Beispiel. US-Präsident Woodrow Wilson begründete 1917 das Eingreifen Amerikas in den Weltkrieg mit dem Anspruch, dem Krieg an sich ein für alle Mal ein Ende zu bereiten und die Welt «safe for democracy» zu machen. Doch der Slogan «The War to End All Wars»[1] wird heute eher sarkastisch verwendet, da der Erste bekanntlich nicht der letzte Weltkrieg der Geschichte geblieben ist. Noch während Wilson in Paris über den Friedensvertrag verhandelte, verschoben sich in Washington die politischen Machtverhältnisse.

Wilsons Idee eines Völkerbundes war sozusagen der Schlussstein der von ihm angestrebten neuen Weltordnung. Er sollte dazu führen, dass die Nationen ihre Streitigkeiten fortan in klar geregelten Verfahren beilegen würden, und dadurch zukünftige Kriege verhindern. Er war darin ein Vorläufer unserer heutigen internationalen Ordnung. Doch ausgerechnet die USA traten ihm am Ende nicht bei, weil sich die sogenannten Isolationisten gegenüber den Internationalisten durchgesetzt hatten. Die USA zogen sich in den folgenden Jahrzehnten weitgehend zurück und überließen Europa mehr oder weniger sich selbst. Eine Verschiebung in den innenpolitischen Machtverhältnissen der USA hatte der neuen internationalen Ordnung den Boden unter den Füßen weggezogen. Der Herausforderung durch das nationalsozialistische Deutschland und das kaiserliche Japan war der geschwächte Völkerbund in den 1930er-Jahren nicht gewachsen.

Nach dem Zweiten Weltkrieg zogen sich die USA nicht erneut auf sich selbst zurück – was durchaus eine Lehre aus der Zwischenkriegszeit darstellte. Auch der Isolationismus hatte die USA nicht davor schützen können, in die Konflikte der anderen Mächte hineingezogen zu werden. Nach 1945 schuf und garantierte Washington eine liberale internationale Ordnung, deren Institutionen noch heute bestehen, die aber aufgrund des Kalten Krieges zunächst nur für einen Teil der Welt ihre volle Gültigkeit entfaltete. Nach 1989/90 schienen ihr nach dem Wegfall der rivalisierenden Supermacht keine Grenzen mehr gesetzt. Die USA wurden zum liberalen Hegemon, der, so hofften manche, für das Wohl aller agiert.

## Missionarische Macht

Herrschaft und Freiheitsversprechen («imperium et libertas») bilden seit jeher das Janusgesicht amerikanischer Außenpolitik. «Diese Verschmelzung von Christentum und Aufklärung, von Christentum und demokratischer Mission hat die besondere zivile Religion Amerikas hervorgebracht, eine unverwechselbare Mischung von christlichem Republikanismus und demokratischem Glauben: eine Nation mit der Seele einer Kirche. Die amerikanische Nation hat keine Ideologie, sie ist eine», brachte es der Historiker Detlef Junker auf den Punkt.[2] Das Sendungsbewusstsein Amerikas war oft mit einem quasi religiösen Eifer zumeist gegen äußere Feinde gerichtet, gegen Böses, das mit allen Mitteln bekämpft werden musste. «Auch die amerikanische Zivilreligion hat die notwendigen Feindbilder entwickelt, die eine Nation mit der Seele einer Kirche zum Überleben braucht. Nach dem Muster des spätantiken Religionsstifters Mani haben die Amerikaner besonders ihre Kriege als radikale Gegenüberstellung eines guten und eines bösen Weltprinzips gedeutet. Jeder Feind saß damit automatisch in der manichäischen Falle.»[3]

Die USA verstehen sich als «beinahe auserwählte» Nation,[4] als «city upon a hill»[5]. Dieses Selbstverständnis, der sogenannte Exzeptionalismus[6], manifestierte sich in unterschiedlicher Weise: indem die USA selbstgenügsam der Welt als leuchtendes Vorbild dienten, wie es die Isolationisten sahen, oder nach den Vorstellungen der Internationalisten, indem sie die Welt aktiv zu verändern strebten,[7] sei es mit diplomatischen oder militärischen Mitteln, sei es durch Alleingänge oder mit Unterstützung anderer Staaten. Die Außenpolitik der USA changierte im Laufe ihrer Geschichte immer wieder zwischen diesen Polen der Absonderung von der Welt und dem missionarischen Drang zur Weltverbesserung. Gemein ist diesen beiden Polen der Glaube an die besondere amerikanische Mission zur Bewahrung des Guten in der Welt – ein Glaube, für den die realen Ergebnisse der US-Politik von nachgeordneter Bedeutung sind.[8]

Tatsächlich ist es nicht sonderlich schwer und auch ein bisschen wohlfeil, den USA Scheinheiligkeit vorzuwerfen.[9] Ein derart überhöhter moralischer Anspruch muss zwangsläufig mit der Realität kollidieren. Doch das Janusgesicht amerikanischer Außenpolitik zeigt sich auch hier. Denn der eigene moralische

Anspruch ist eben auch ein Maßstab, an dem sich die Weltmacht messen lassen muss und an dem sie sich auch messen ließ,
zum Beispiel zur Zeit des Vietnamkrieges. Verfehlungen kommen ans Licht, und immer wieder hat die amerikanische Demokratie die Kraft zur Selbstkorrektur gefunden – etwas, das man
sich bei den gegenwärtigen Systemen in Russland und China
nur schwer vorstellen kann.

Dennoch hat Washington auch allzu oft die hehren Werte
bloß beschworen, um seine interessengeleitete Machtpolitik
zu kaschieren. Wenn nötig, werden diese Werte und «Wertege-
meinschaften» pragmatisch den Wirtschafts- und Sicherheitsinteressen untergeordnet. «Taten sprechen lauter als Worte», legte
denn auch der chinesische Außenamtssprecher Wang Wenbin
den Finger am Rande der Glasgower Klimakonferenz 2021 in
die Wunde.[10]

## Macht ohne Moral

Es gibt viele Beispiele für die Diskrepanz zwischen demokratischer Rhetorik und zynischer sowie zumeist kurzsich-
tiger Machtpolitik seitens der USA. Washingtons Politik in
Südamerika während des Kalten Krieges etwa, mit so traurigen
Beispielen wie dem Sturz des Reformers Jacobo Árbenz in Gu-
atemala durch die Central Intelligence Agency (CIA), dem Aus-
landsgeheimdienst der Vereinigten Staaten, im Jahr 1954, der
das Land in einen nicht enden wollenden Bürgerkrieg stürzte,
dem an die 200000 Menschen zum Opfer fielen. Oder die
Unterstützung und Anstachelung des Putschisten Augusto Pi-
nochet, der 1973 den demokratisch gewählten chilenischen Präsidenten Salvador Allende beseitigte und eine brutale Diktatur
errichtete.[11]

Nirgends wurde diese Diskrepanz in den letzten Jahrzehnten
jedoch so deutlich wie im von den USA sogenannten Mittleren

Osten. Die dramatischen Konsequenzen ihrer fehlgeleiteten Realpolitik dort tragen allerdings nicht die USA selbst, sondern die Menschen vor Ort und im nahegelegenen Europa. Der Irakkrieg von 2003 war ein völkerrechtswidriger Angriffskrieg. Die Regierung von George W. Bush täuschte die Weltöffentlichkeit bewusst in der Frage der Kriegsbegründung und führte in einer peinlichen Sitzung des Weltsicherheitsrates gefälschte Beweise für die Existenz von angeblichen Massenvernichtungswaffen vor. Zudem wurde zur Legitimierung des Einsatzes ein großes Demokratisierungsszenario für den Mittleren Osten entworfen. Tatsächlich jedoch stürzte der Irak durch den Dilettantismus des amerikanischen Besatzungsregimes ins Chaos, und bis heute ist seine Staatlichkeit prekär. Die Enthüllungen über die Praktiken im Gefängnis von Abu Ghraib bedeuteten schließlich den endgültigen moralischen Bankrott der westlichen Führungsmacht – ein Tiefpunkt, den man in Washington und den westlichen Hauptstädten erstaunlich schnell wieder vergaß, während die geopolitischen Rivalen China und Russland ein deutlich besseres Gedächtnis besitzen. Im Effekt wurde eine ganze Region destabilisiert, hunderttausende Menschen ließen ihr Leben und noch mehr verloren ihre Heimat, was nicht zuletzt Europa durch steigende Flüchtlingszahlen auszubaden hatte.

Und immer wieder schufen sich die USA die Feinde selbst, die sie anschließend aufwändig bekämpfen mussten. So geschehen etwa im Falle des Iran. Erzwungene «Regimewechsel» haben Tradition in Amerikas Außenpolitik. Bereits 1953 stürzten die Geheimdienste der USA und Großbritanniens mit der «Operation Ajax» (eigentlich: TPAJAX) den iranischen Premierminister Mohammad Mossadegh. Der Sturz wirkt in der kollektiven Erinnerung Irans bis heute nach und speist das Misstrauen, ja die Feindseligkeit seiner Führung und Bevölkerung gegenüber den USA. Damals wurde die von Mossadegh eingeleitete Verstaatlichung der Ölwirtschaft Irans rückgängig gemacht und die weitere Ausbeutung iranischer Ölfelder durch

die britische Anglo-Iranian Oil Company (1954 nach Ab-
schluss des Konsortialvertrages in British Petroleum, BP, umbenannt) und in der Folge auch durch US-amerikanische Ölfir-
men ermöglicht. Washingtons neue Allianz mit der iranischen
Monarchie sollte sich denn auch für amerikanische Explora-
tionsgesellschaften auszahlen: Sie hielten 40 Prozent der Anteile an dem neuen internationalen Ölkonsortium – genauso
viele wie BP.

Ebenso profitierte die Militärindustrie der USA von der Aufrüstung des neuen Verbündeten. Laut Gary Sick, der während
der Amtszeit von US-Präsident Jimmy Carter im Nationalen
Sicherheitsrat arbeitete, haben Präsident Richard Nixon und
sein außenpolitischer Berater Henry Kissinger in den Jahren
vor Carters Wahl «eine einzigartige und nie dagewesene Be-
ziehung zum iranischen Herrscher» etabliert. Als Teil der sogenannten «Zwei-Säulen-Politik» («twin pillar policy») sei das
Regime von Schah Mohammad Reza Pahlavi neben der anderen
Säule, Saudi-Arabien, als «Hauptwächter der US-Interessen am
Persischen Golf» auserkoren worden. Im Gegenzug durfte der
Schah «jede von ihm gewünschte nicht-nukleare US-Militär-
technologie» kaufen.[12] Das Schah-Regime reinvestierte in der
Tat die Einnahmen aus dem Ölgeschäft in seine militärische
Aufrüstung. In nur fünf Jahren, von 1972 bis 1977, kaufte Iran
von den USA Waffen im Wert von über 16 Milliarden Dollar.[13]

Doch der Staatsstreich zeitigte langfristig einen hohen außenpolitischen Preis: Ohne die Entmachtung des demokratisch gewählten Mossadegh durch die amerikanischen und britischen
Geheimdienste hätte es kein Schah-Regime und in der Folge
wohl auch keine islamische Revolutionsregierung gegeben, die
heute die Menschenrechte der iranischen Bevölkerung verletzt
und die Sicherheit Israels und der USA bedroht.

Die in den USA kollektiv erinnerte und erzählte Geschichte
der bilateralen Beziehungen beider Länder beginnt bemerkens-
werterweise aber nicht 1953, sondern erst 1979, mit der irani-

schen Revolution. Dieses Ereignis veränderte in gravierender Weise sowohl die Innen- als auch die Außenpolitik der USA. Das von den USA protegierte und zur Eindämmung der Ambitionen des Systemrivalen Sowjetunion in Stellung gebrachte Schah-Regime wurde überraschend für die politische Führung[14] und die Nachrichtendienste[15] der USA in nur wenigen Tagen hinweggefegt. Als am 16. Januar 1979 der Schah das Land verließ und zwei Wochen später Ruhollah Chomeini aus seinem französischen Exil nach Teheran zurückkehrte, begann für Washington eine neue außenpolitische Zeitrechnung.

Auch in der Innenpolitik sollte sich Amerikas außenpolitische Schwäche grundlegend auswirken: Die Wiederwahl von Präsident Jimmy Carter scheiterte nicht zuletzt an der auch in dieser Krise offensichtlich gewordenen Ohnmacht der Weltmacht. Die US-amerikanische Führung und Bevölkerung mussten zusehen, wie am 4. November 1979 revolutionäre Kräfte die US-Botschaft in Teheran besetzten und für 444 Tage 52 Diplomaten und US-Bürger als Geiseln nahmen, um die Auslieferung des Schahs zu erzwingen, der nach seiner Flucht über Ägypten, Marokko, die Bahamas und Mexiko in den USA Zuflucht gefunden hatte. Eine verunglückte militärische Befreiungsaktion im April 1980, die «Operation Eagle Claw», besiegelte schließlich Carters politisches Schicksal.

## Illusionen der «Realpolitiker»

Die Iran-Krise hätte nüchterne Geostrategen in Washington dazu bewegen können, ihre Grundannahmen und außenpolitischen Überzeugungen zu hinterfragen. Hatte sich doch ein vermeintlich stabiles autoritäres Regime, ein «Grundpfeiler» US-amerikanischer Realpolitik in der Region des Nahen und Mittleren Ostens, als unerwartet instabil erwiesen. Menschenrechte auf dem Altar von Stabilität und Sicherheit zu opfern, hatte weder dem iranischen Regime selbst noch seiner amerikanischen Schutzmacht auf Dauer Stabilität und Sicherheit gebracht.

Doch Washington zog eine andere Lehre: Das Schah-Regime sei deswegen ins Wanken geraten und gestürzt worden, weil es von den USA nicht vorbehaltlos unterstützt wurde. Präsident Carters Menschenrechtsauflagen, sein Druck auf den Schah, das Land zu reformieren, hätten revolutionäre Kräfte erst zum Aufstand ermutigt. Demnach habe die Carter-Administration vor der Aufgabe versagt, das Schah-Regime als Bollwerk gegen den internationalen Kommunismus zu stützen. Carters universalistische, an Werten orientierte Außenpolitik habe amerikanische Interessen preisgegeben – so der Kern von Jeane Kirkpatricks Analyse der Ereignisse, die für den künftigen außenpolitischen Kurs der USA wegweisend wurde.[16]

«He's a bastard, but he's our bastard», lautete nunmehr das Credo amerikanischer Realpolitiker, die in der Reagan-Regierung dann sogar versuchten, mit Waffenverkäufen das Mullah-Regime auf die Seite der USA zu ziehen. Von August 1985 bis Oktober 1986 wurden unter anderem amerikanische Panzerabwehrlenkwaffen (TOW-Systeme) und mobile Flugabwehrraketensysteme (HAWK-Systeme) an den Iran geliefert.[17] Doch die «Iran-Contra-Affäre» war nicht nur innenpolitisch heikel: Mit dem Gegenwert der Waffenverkäufe an das – feindliche – Regime in Teheran wurden die rechtsgerichteten Contras im Krieg gegen die sandinistische Regierung Nicaraguas unterstützt – gegen den ausdrücklichen Willen des amerikanischen Kongresses. Außenpolitisch waren die geheimen Waffenverkäufe Washingtons an Teheran umso brisanter, weil sich der Iran im Krieg mit dem Irak befand und der irakische Führer Saddam Hussein ebenfalls auf die (militärische) Unterstützung der USA zählte.[18] Die Iran-Contra-Affäre erwies sich schließlich als weitere moralische und geostrategische Bankrotterklärung der US-Außenpolitik. Einmal mehr wurden die Illusionen der «Realpolitiker» von der Realität zunichte gemacht.

Im Kern wurde jedoch die realpolitische Ausrichtung der US-Außenpolitik in der Region beibehalten, in der Folge indes umso mehr auf das mit dem Iran verfeindete Regime Saudi-Arabiens gestützt. Gemäß dem Deal «Sicherheit für Öl» hat Washington die Ölmonarchie Saudi-Arabien protegiert und Riad seinerseits Sorge für die westliche Ölversorgung getragen. Zwar gaben die folgenden Präsidenten George H. W. Bush und Bill Clinton sich größere rhetorische Mühe, auch den religiösen Führern in Teheran zu schmeicheln, um taktische Ziele zu erreichen.[19] Doch blieben beide strategisch fest mit Saudi-Arabien verbunden. Sie suchten die Machtbalance in der Region durch Realpolitik zu wahren – wenn nötig, auch mit militärischer Gewalt oder mit einer Strategie der «doppelten Eindämmung» («dual containment»), mit der Clinton etwa Iran und Irak als Gegenspieler schwach und damit in Schach halten wollte.

Menschenrechte waren in dieser «Balance of Power»-Politik nur zweitrangig. Missachtete ein autokratischer Herrscher die Menschenrechte seiner Bürger, spielte es für die Geostrategen in Washington nur dann eine Rolle, wenn er sich den geopolitischen Interessen und dem globalen Führungsanspruch der USA widersetzte. Solche «bösartigen» Regime, etwa der Irak unter Saddam Hussein, sollten, wenn nötig, mit Militärgewalt «demokratisiert» werden. Aber auch die neo-konservative Politik George W. Bushs, die moralische Ziele vorgab, im Kern indes realpolitisch motiviert war, ignorierte die Realität in der Region und half dem Iran einmal mehr, seine Machtposition auszubauen. Dank der militärischen Beseitigung des Diktators Saddam Hussein im Jahr 2003 und des darauffolgenden Chaos im Irak, hat Teheran nicht nur einen Erzfeind weniger, sondern kann als Regionalmacht auch auf die Entwicklung im Irak und in Syrien Einfluss nehmen.

## Illiberaler Hegemon

Amerikas Sendungsbewusstsein bleibt trotz dieser zwei-felhaften Bilanz ungetrübt – trotz fehlgeschlagener Interven-tionen wie in Vietnam, Irak oder Afghanistan, trotz Guantá-namo und Abu Ghraib und trotz des Sturms auf das Kapitol am 6. Januar 2021, als die amerikanischen Sicherheitsbehörden und Militärs einen von ihnen befürchteten «Coup» des widerwillig scheidenden Machthabers Donald Trump verhindern mussten. Trumps Nachfolger Joe Biden bemüht weiterhin Amerikas Ein-heit und Vorbildrolle, vor allem, wenn es gegen den System-rivalen China geht. Die nicht mehr so Vereinigten Staaten von Amerika sind jedoch tief gespalten. Die von Trump nach wie vor dominierten Republikaner, von denen selbst die Mehrzahl ihrer Repräsentanten im Kongress den neu ins Amt gewählten Joe Biden nicht als ihren legitimen Präsidenten anerkennen, sind sich mit den Demokraten in fast nichts mehr einig – es sei denn, es geht gegen China.

Die moralische Führungsmacht hat Federn gelassen. Dass die USA sich selbst von den Regeln der liberalen Weltordnung aus-nahmen, die sie selbst geschaffen hatten, hat der Akzeptanz die-ses Systems schweren Schaden zugefügt. Wer sich herausnimmt, ein anderes Land auch dann anzugreifen, wenn es dafür keine völkerrechtliche Legitimation gibt, setzt einen gefährlichen Präzedenzfall. Und warum eigentlich weigern sich die USA bis heute, dem Abkommen über den Internationalen Strafgerichts-hof beizutreten? Weil sie sich selbst die Bindungen nicht auf-erlegen wollen, die sie für die anderen vorsehen. In der Re-gierungszeit von George W. Bush ist Washington vom Pfad abgekommen und hat ihn bis heute nicht wiedergefunden. Hinzu kommt der schlechte Zustand der amerikanischen De-mokratie, der es deutlich schwerer macht, international für ge-nau das System zu werben, das in den USA selbst im Moment so eine miserable Figur abgibt. Doch auch aus anderen Gründen fällt Washington derzeit als der Garant der liberalen Weltordnung aus, auf den Deutschland und Europa angewiesen sind.

Die Weltbilder der liberalen Internationalisten, die vorübergehend den Ton in der US-Außenpolitik angegeben haben, und der Realisten, die nach dem Debakel des Irakkrieges 2003 wieder dominanter geworden sind, könnten unterschiedlicher nicht sein. Liberale Internationalisten haben ein optimistisches Menschenbild und wollen eine friedlichere Weltordnung demokratischer Staaten schaffen und Freihandel fördern; sie sind auch bereit, aus humanitären Gründen in anderen Staaten militärisch einzugreifen.

Realisten hingegen sehen die menschliche Natur skeptischer und verneinen jede Entwicklungsperspektive. Sie haben ein rein machtpolitisch garantiertes zwischenstaatliches Arrangement im Sinn und fordern internationales Engagement mit Augenmaß – nur bei Bedrohung des eigenen «vitalen» Sicherheitsinteresses oder wenn äußere Gefahr in Verzug ist. Denn, so die Warnung der Realisten, es besteht auch immer die Gefahr der Überdehnung eigener (politischer) Ressourcen. Der aktuelle innenpolitische Widerstand gegen internationales Engagement, ein isolationistischer Reflex, der sich an beiden Rändern des politischen Spektrums in den USA formiert hat, bedeutet Wasser auf die Mühlen der Realisten.

Libertäre Republikaner wie gewerkschaftsnahe Demokraten argumentieren – aus unterschiedlichen Gründen – gegen das internationale Engagement. Die einen, die libertär gesinnten Republikaner, sind besorgt um die «innere kapitalistische Ordnung» und über das wachsende Haushaltsdefizit und stellen sich gegen kostspieliges militärisches Engagement im Ausland und zunehmend auch gegen Freihandel. Die anderen, die traditionellen, den Gewerkschaften nahestehenden Demokraten, verteidigen die «sozialen Interessen Amerikas» und positionieren sich gegen Freihandel und kostspielige Interventionen. Sie befürchten insbesondere, dass Mittel für internationale bzw. militärische Zwecke verbraucht werden und somit für innere soziale Belange fehlen.

## Recht des Stärkeren schlägt «rule of law»

Bereits vor der Amtsübernahme Donald Trumps war das liberal-hegemoniale Weltbild, gemäß dem die USA die Welt nach ihren Wertvorstellungen und Interessen ordnen, infrage gestellt worden. Zwar folgte Barack Obamas außenpolitische Grundorientierung noch dieser Tradition, obschon er seinen Wahlkampf 2008 unter den Slogan «Wandel» gestellt hatte. Gleichwohl musste seine Außenministerin Hillary Clinton ihren durch die prekäre wirtschaftliche Lage und die Kosten der Kriege im Irak und in Afghanistan verunsicherten Landsleuten den Sinn internationalen Engagements immer wieder einbläuen: «Wir können es uns nicht leisten, uns nicht zu engagieren.» Und sie ließ keinen Zweifel daran, worum es ging: Das außenpolitische Engagement sei der «Schlüssel für Wohlstand und Sicherheit in unserem Land»,[20] denn es gelte, Handelswege und Ressourcen zu sichern und existenzielle militärische Bedrohungen abzuwenden.

Aus Sorge um den dann folgenden außenpolitischen Kurs der Trump-Regierung und um die liberale Weltordnung, die sie durch «tiefe politische Spaltung zu Hause» sowie «verstärkte Instabilität im Ausland» gefährdet sahen, appellierten außenpolitische Schwergewichte der Vorgänger-Regierungen, etwa die ehemalige Außenministerin Madeleine Albright und der ehemalige Nationale Sicherheitsberater Stephen Hadley, an die Abgeordneten und Senatoren im Kongress, einen neuen parteiübergreifenden außenpolitischen Konsens zu schmieden, um nicht die Fehler der Vergangenheit zu wiederholen und Amerikas Einfluss in der Welt zu verspielen. Wenn Amerika sich von der Weltbühne verabschiede, so Albright und Hadley, dann würden die Menschen in Afrika, Asien, Europa, Lateinamerika und im Mittleren Osten sich von anderen Akteuren und deren Ideen Inspiration und Orientierung holen – seien es Autoritarismus oder extremistische Ideologien.[21]

Damit würden die Vereinigten Staaten jene liberale Ordnung preisgeben, die sie nach dem Ende des Zweiten Weltkrieges aufgebaut haben. In den Jahrzehnten seit Ende der 1940er-Jahre sei es die «Grand Strategy» der USA gewesen, eine internationale Ordnung aus Sicherheitsallianzen, internationalen Institutionen und ökonomischer Freizügigkeit zu errichten und anzuführen, um weltweit Freiheit, Wohlstand und Frieden zu schaffen. Für die Vertreter dieser Vorstellung war es dringend geboten, diese Nachkriegsordnung aufrechtzuerhalten und zu renovieren.[22]

Die Repräsentanten des traditionellen Mainstream-Denkens in Washington waren alarmiert, wollte US-Präsident Trump doch diese liberale Restordnung mit aller Macht zerstören. Denn Trump und seine Sicherheits- und Wirtschaftsberater meinten, dass sie ohnehin nur noch Amerikas «Feinden»[23], allen voran China und Europa, nütze. Sie wähnten sich in einer «realistischen» Welt, in der Unternehmen gegen Unternehmen und Staaten gegen Staaten kämpfen.[24] In dieser Sicht haben Staaten keine Freunde, sondern nur Interessen. In diesem Nullsummendenken gibt es keine gemeinsamen Interessen: Trump denkt, er könne seine Interessen nur auf Kosten aller anderen durchsetzen. Insbesondere auf Europas Führungsmacht Deutschland hatte er es abgesehen, weil Berlin angeblich Europa dazu missbrauche, nur seine eigenen Interessen zu befördern, und die Europäische Union geschaffen worden sei, um den Vereinigten Staaten wirtschaftlich zu schaden. Indem Trump, etwa in einem Interview, das er im Januar 2017 *BILD* gab,[25] auch europakritischen Stimmen auf dem Alten Kontinent das Wort redete, unternahm er Versuche, mit einer Strategie des «teile und herrsche» die Konkurrenz zu schwächen.

In der Weltsicht Donald Trumps – der selbst nach seiner Abwahl weiterhin die republikanische Partei und Wählerkoalition dominiert – spielt Diplomatie keine Rolle mehr; umso wichtiger hingegen ist Militärmacht. Die Vereinten Nationen (UN), die Welthandelsorganisation (WTO), die NATO und all die anderen internationalen Strukturen, die die USA nach dem Zweiten Weltkrieg aufgebaut haben, waren für die von Trump angeführte US-Regierung nicht mehr wichtig, ja sogar hinderlich. Wenn die regelbasierte Ordnung, die internationale «rule of law», zerstört ist, dann gilt das Recht des Stärkeren, nämlich der nach wie vor größten Militärmacht USA.

Dieses in der von der Trump-Administration vorgelegten Nationalen Sicherheitsstrategie der USA[26] explizit als «realistisch» bezeichnete Politikverständnis widerspricht der in Deutschland bevorzugten liberal-internationalistischen Vorstellung einer regelbasierten Weltordnung, in der internationale Organisationen wie die WTO, die Vereinten Nationen, das Völkerrecht und das Gleichheitsprinzip der UN-Charta eine zentrale Rolle spielen. In der sozialdarwinistisch anmutenden Weltsicht Trumps, in der maximale militärische Macht das Recht des Stärkeren und somit die «transaktionale Führung»[27] der USA begründet, sind multilaterale Organisationen ein Hindernis: Sie sind schließlich darauf ausgerichtet, internationalem Recht zur Stärke zu verhelfen, auszugleichen, den Stimmen auch der – nach Trumps Meinung – Schwächeren im Konzert der Nationen Geltung zu verschaffen.

## Allianzen als Machtinstrumente

Nachdem Donald Trump die westliche Ordnung und Allianz mit einem «Rammbock» malträtierte (so der Vorwurf Joe Bidens im Präsidentschaftswahlkampf) und auch in den Augen vieler anderer US-Beobachter zu zerstören drohte, zeigt der neue US-Präsident Biden zur Erleichterung vieler deutscher und europäischer Beobachter wieder mehr Wertschätzung für Verbündete. Doch hier sollte man sich keinen Illusionen hingeben. Der neue US-Präsident sieht in Allianzen vor allem ein nützliches Instrument, um Amerikas Macht zu vermehren – und Lasten zu teilen. «Wir stärken unsere eigene Stärke, erweitern unsere Präsenz rund um den Globus und erhöhen unsere Wirkung, während wir die globale Verantwortung mit willigen Partnern teilen», erläuterte Biden die Gründe, «warum Amerika wieder führen muss». Um die «amerikanische Außenpolitik nach Trump zu retten», so der Untertitel seines wegweisenden Beitrages, den er bereits im Frühjahr 2020 als Präsidentschaftskandidat in der Zeitschrift *Foreign Affairs* veröffentlichte, müssten die USA die «gemeinsamen Fähigkeiten mit demokratischen Freunden über Nordamerika und Europa hinaus stärken, indem wir in unsere Vertragsbündnisse mit Australien, Japan und Südkorea reinvestieren und Partnerschaften von Indien bis Indonesien vertiefen, um gemeinsame Werte in einer Region voranzubringen, die die Zukunft der Vereinigten Staaten bestimmen wird.»[28]

Zwar erheben die USA nach wie vor den Anspruch, die liberale Weltordnung aufrechtzuerhalten, von der Deutschland wie kaum ein anderes Land elementar abhängt. Doch die Endlichkeit eigener wirtschaftlicher Ressourcen und die wechselseitige Blockade von Präsident und Kongress, radikalisierten Republikanern und Demokraten hindern den «amerikanischen Patienten» schon seit Längerem daran, seine Weltordnungsfunktion wahrzunehmen, also globale öffentliche Güter wie Sicherheit, freien Handel, funktionierende Finanzmärkte und eine stabile Leitwährung bereitzustellen.[29] Das wäre jedoch die Voraussetzung dafür, dass andere Länder die Vormachtstellung der USA als liberalen Hegemon akzeptieren und ihrer Führung folgen.

Die massiven sozialen, wirtschaftlichen und politischen Probleme im Innern wirken sich auf das Selbstverständnis im außenpolitischen Handeln und auf den Aktionsradius der Weltmacht aus. Weltweites «nation building» und Demokratieförderung waren bereits unter US-Präsident Obama nicht mehr angesagt; heute muss Präsident Joe Biden erst recht versuchen, die eigene Nation zusammenzuhalten. Das heißt jedoch nicht, dass sich die USA aus der Welt zurückziehen werden. Washington wird vielmehr geostrategisch wichtige Regionen wie Europa, den Mittleren Osten und Asien umso mehr durch Realpolitik zu kontrollieren versuchen und dieses Vorgehen durch hehre Werte kaschieren. Es steht zu befürchten, dass Amerika in Zukunft seine vitalen Eigeninteressen noch rücksichtsloser durchsetzen und versuchen wird, Lasten abzuwälzen – wodurch Konkurrenten wie China und Russland, aber auch Verbündete in Asien und Europa, allen voran Deutschland, massiv belastet würden.

Für Deutschland und Europa sind das keine guten Nachrichten. Das Schicksal des Völkerbunds nach dem Ersten Weltkrieg hat gezeigt, wie innenpolitische Verschiebungen in den USA das Schicksal Europas beeinflussen können. Bislang wurde die Zwischenkriegszeit immer als Beleg dafür gesehen, dass Europa alles daran setzen muss, Amerika von einem Rückfall in den Isolationismus abzuhalten. Wer als willfähriger Verbündeter agiert, so die Hoffnung, der hat dann auch die Chance in Washington darauf hinzuwirken, dass die Weltmacht sich an die liberale Weltordnung hält, die sie geschaffen hat, und die Interessen der Verbündeten auch dann berücksichtigt, wenn sie den eigenen entgegenstehen. Doch leider gelingt es dem Schwanz nicht allzu häufig, mit dem Hund zu wackeln.

Und an wen würden wir uns eigentlich binden? Donald Trump mag Geschichte sein, er mag aber auch noch einmal ins Weiße Haus zurückkehren. Doch ganz egal, wie der Kampf ums Oval Office ausgeht, die politische Landschaft der USA ist schon jetzt nicht mehr dieselbe wie noch unter Präsident Bill Clinton. Im innenpolitischen Kampf müssen auch die Demokraten die amerikanischen Interessen über die der Verbündeten stellen – America First. Das ist auch grundsätzlich legitim. Denn jeder Staat vertritt zunächst einmal seine eigenen Interessen. Doch damit werden die USA eben auch zu einem ganz gewöhnlichen Staat, einem sehr mächtigen zwar, aber zu einem unter vielen. Die Rolle des Hoffnungsspenders, des liberalen Hegemons, der der Welt eine für alle Akteure förderliche Ordnung gibt und die Sicherheit garantiert, wird damit vakant. Was also, wenn die Lehre aus der Zwischenkriegszeit gar nicht lautet, die USA in Europa zu halten, sondern Europa in die Lage zu versetzen, seine Probleme selbst zu lösen? Denn wir können uns die USA nicht so zurechtkneten, wie wir sie gerne hätten. Wir müssen mit dem arbeiten, was wir haben. Wer nicht zur Kenntnis nimmt, dass die Grundlagen sich verändern, auf denen seine strategischen Optionen beruhen, der läuft Gefahr, seine Politik auf Illusionen aufzubauen.

## Die Ironie der Geschichte:
## Der neue Systemwettbewerb zwischen
## China und den USA

Wir sind bereits inmitten einer «Ära der wirtschaftlichen und politischen Großmachtrivalitäten, die nicht nur neue Handelskonflikte, sondern auch eine veränderte geostrategische Rolle für die Bundesrepublik und Europa zur Folge hat,» brachte es Wolf Krug von der Hanns-Seidel-Stiftung in der Tageszeitung *Die Welt* auf den Punkt.[1] Bei diesem Kräftemessen ist Europa bislang nur Zuschauer, im schlimmsten Fall aber wird es zum zentralen Verlierer werden, wenn es nicht schnell entscheidungs- und handlungsfähig wird und seine Interessen verteidigt.

Die Verantwortlichen der Berliner Republik verharren jedoch immer noch im Zeitgeist der deutschen Wiedervereinigung und vertrauen in ihrem Fortschrittsglauben, trotz zwischenzeitlicher Rückschritte, weiterhin dem «Weltgeist» der Geschichte. Jedoch wurde das nach dem Untergang des Systemrivalen Sowjetunion von der westlichen Glaubensgemeinschaft gefeierte «Ende der Geschichte»[2] – der weltweite Sieg liberal-demokratischer Herrschaft und freier Marktwirtschaft – von der Geschichte auf ironische Weise widerlegt: Donald Trumps autoritäre Herausforderung der US-Demokratie und nationalistische Wirtschaftspolitik waren deutliche Anzeichen eines neuen Systemwettbewerbs zwischen der angeschlagenen Weltmacht USA und dem immer selbstbewusster auftretenden China.

Bezeichnenderweise ist es jener amerikanische Politikwissenschaftler, Francis Fukuyama, der seinerzeit vorschnell den endgültigen Sieg liberaler Demokratien und freier Marktwirtschaften prognostizierte, der heute elementare demokratische Defizite der westlichen Führungsmacht diagnostiziert. Die Unzulänglichkeiten der USA seien umso problematischer, weil sich ein neuer Konkurrent, China, anschicke, sein Gegenmodell zu exportieren. Die Geschichte geht also offenbar doch weiter, denn Fukuyama sieht nun eine neue «historische Auseinandersetzung» um das «Schicksal Eurasiens» im Gange: zwischen den USA und ihren westlichen Partnern auf der einen und China auf der anderen Seite.[3]

Vorbei ist die Zeit, in der US-Strategen Chinas wirtschaftliche Entwicklung mit Wohlwollen begleiteten. Nach Washingtons ursprünglichen Plänen sollte China als «responsible stakeholder», wie es 2005 der damalige stellvertretende US-Außenminister Robert Zoellick formulierte, in die von den USA dominierte westliche Weltordnung eingebunden werden. Durch wirtschaftliche Liberalisierung, so die Grundannahme, würde früher oder später auch das politische System Chinas demokratischer werden und sich in die von den USA angeführte Gemeinschaft marktwirtschaftlicher und demokratischer Systeme einordnen.

### Resilienz des Illiberalismus

Obschon der Untergang der Sowjetunion zunächst einen ökonomischen Globalisierungsschub freisetzte und vor allem für eine Reihe von Ländern des ehemaligen Ostblocks politische Liberalisierung ermöglichte, haben sich viele autokratische Regime bislang als sehr resistent erwiesen. Sie haben mehrere Demokratisierungswellen, Farbenrevolutionen und Jahreszeitenwechsel (Stichwort: «Arabischer Frühling») überdauert.[4]

Chinas Kommunistische Partei hat diese Umbrüche als

Warnsignale verstanden. Denn liberale Ideen sind auch in China attraktiv, vor allem für jüngere, oft in den USA und Europa ausgebildete Chinesen. Doch die gute wirtschaftliche Entwicklung dient dem Regime bis auf weiteres als Pfeiler seiner Stabilität und Bollwerk gegen subversive Entwicklungen – zumal, wenn der Vergleich zu den wirtschaftlichen und sozialen Problemen westlicher Regierungen bemüht wird.

Die Wirtschafts- und Finanzkrise 2007/08, die von der Führungsmacht des Westens ausging, hat ein Übriges getan. Sie erschütterte den Glauben an die weitgehende Selbstregulierung der Märkte und die Kreditwürdigkeit des amerikanischen Staates. Der «Washington-Konsensus», gemäß dem weltweit Länder ermutigt wurden, ihre politischen Systeme und Wirtschaftsordnungen nach amerikanischem Vorbild zu liberalisieren, hat an Attraktivität verloren.

Staatlich gelenkte Volkswirtschaften, allen voran der autoritäre Kapitalismus der Volksrepublik China, wurden zwar auch in Mitleidenschaft gezogen, konnten aber die Krise besser meistern als die USA und ihre Wertegemeinde. Autoritäre Großmächte wie China gelten heute nicht nur in Ostasien als «ernst zu nehmende Gegenentwürfe zur liberalen Demokratie».[5] Der wirtschaftliche Aufstieg Chinas wird schon mit dem Abstieg des Westens assoziiert;[6] einige Experten preisen schon den «Peking-Konsensus» als zukunftsweisend.[7]

Auch wenn sich nur wenige Staaten das chinesische Regierungssystem zum Vorbild nehmen, schätzen immer mehr den Handel mit der aufsteigenden Weltwirtschaftsmacht. Etwa zwei Drittel der rund 190 Länder der Welt handeln heute mehr mit China als mit den USA, wobei etwa 90 Länder mehr als doppelt so viel Handel mit China betreiben wie mit den USA, lauten die Fakten des australischen Lowy Institute.[8]

## Protektionismus und De-Globalisierung

Während sich Chinas Staatsführer Xi Jinping im Januar 2017 auf dem Weltwirtschaftsforum in Davos, dem Mekka liberaler Wirtschaftsgläubiger, in internationalistischer Rhetorik übte, für offene Märkte warb und die Globalisierung verteidigte, redete der neu ins Amt gewählte US-Präsident dem Protektionismus das Wort. In seiner Inaugurationsrede am 20. Januar 2017 polterte US-Präsident Donald Trump wie schon im Wahlkampf gegen den Freihandel und drohte mit Zöllen.[9]

Wer gehofft hatte, dass sich Trump als Präsident staatsmännischer und weniger populistisch geben würde, wurde in dieser Antrittsrede eines Besseren belehrt: An seine «Bewegung» gerichtet, verurteilte Trump die um ihn versammelten Amts- und Würdenträger der Nation als selbstbezogene Klasse, die es sich auf Kosten der Bürger gut gehen lasse. Das Establishment in Washington habe es insbesondere versäumt, die Interessen der Amerikaner zu schützen – vor den «Verwüstungen, die andere Länder in den USA anrichten», indem sie amerikanische «Firmen stehlen» und «Arbeitsplätze vernichten». Gemäß seinem Credo «America First» verkündete Präsident Trump zwei einfache Regeln, um Amerika wieder zu Wohlstand und alter Stärke zu führen: «Nur amerikanische Güter kaufen und amerikanische Arbeiter einstellen».[10] Im Februar 2017, in seiner ersten Rede zur Lage der Nation vor dem Kongress, wiederholte er diese Forderungen. Denn, so Trump, er vertrete nicht die Interessen der Welt, sondern jene Amerikas.[11]

Nicht ganz so hart im Ton, aber mit inhaltlich gleicher Stoßrichtung machte vier Jahre später auch sein Nachfolger Joe Biden in seiner ersten Rede zur Lage der Nation am 28. April 2021 klar, dass sich «alle Investitionen» in dem von ihm unterbreiteten «amerikanischen Beschäftigungsplan» an einem Prinzip orientieren würden: «Buy American». «Amerikanische Steuer-

gelder werden verwendet», so Biden ebenso unmissverständlich
wie zuvor schon Trump, «um amerikanische Produkte aus
Amerika zu kaufen, die amerikanische Arbeitsplätze schaffen».[12]

Die Protest-Wahl Trumps war denn auch nur ein Indiz für
sehr viel tiefer liegende Probleme, die auch nach seiner Amtszeit
weiterbestehen und Amerikas außenpolitischen Kurs weiterbe-
stimmen werden.[13] Trotz, oder besser: wegen seiner unkonven-
tionellen Amtsführung konnte Trump bei der Wahl 2020 sogar
noch zehn Millionen Stimmen mehr gewinnen. Er sah lange
Zeit wie der sichere Sieger aus und verlor nur knapp wegen
seiner Unfähigkeit, die COVID-19-Krise zu managen. Sein
Herausforderer Joe Biden konnte nur gewinnen, weil er seine
zunehmend protektionistisch gesinnte demokratische Wähler-
schaft hinter sich vereinte, indem er seine bisherige freihan-
delsorientierte Haltung aufgab und Trumps «Buy American»-
Positionen übernahm – die auch schon davor, in der Obama/
Biden-Administration, zutage getreten waren und für transatlantische Verstimmungen gesorgt hatten.

Der «Washington-Konsensus» – sprich Laissez-faire-Politik,
Deregulierung und Freihandel – ist mittlerweile in den USA
selbst heftig umstritten: Die «unsichtbare Hand» des Marktes
produziert weltweit Gewinner, aber auch Verlierer, nicht zuletzt in den USA. Der sozioökonomisch bedingte Ausschluss
vieler Amerikaner vom gesellschaftlichen und politischen Leben beschädigt das Fundament der amerikanischen Demokratie, namentlich das Vertrauen der Bürger in die etablierte Politik.[14]

Vor allem die Ideologie freier Märkte hat Gegenbewegungen
geschaffen, die Nationalismus zur Folge haben. Die Entfrem-
dung von der Politik bot eine Chance für den Populisten
Trump, der die tiefe Abneigung, vor allem vieler Nicht-Wähler,
gegen das «Establishment» erkannte und sie bei den Präsidentschaftswahlen weiter befeuerte. Er präsentierte sich als Außen-

seiter, der dank seines privaten Reichtums unabhängig sei und deshalb Washingtons «Sumpf austrocknen» und Politik für alle Amerikaner und nicht nur für Betuchte betreiben könne. Trump konnte seinen Wahlsieg gegen das vermeintliche Washingtoner Establishment und die «Globalisten» vor allem mit dem Versprechen gewinnen, die von den USA forcierte Globalisierung umzukehren.

Während die USA den Rückzug ins nationalistische Schneckenhaus antraten, scheute China mit seiner umfassenden «Seidenstraßen-Initiative» keine diplomatischen Aktionen und wirtschaftlichen Investitionen, um den Welthandel in seinem Sinne neu zu ordnen. Das ist aus Sicht der Geostrategen in Washington ein äußerst bedrohliches Szenario. Jene Köpfe, die nicht wie der damalige US-Präsident Trump nur den schnellen Profit und «Deal» suchen, sondern umfassend und strategisch denken, sehen schon seit Längerem eine größere Gefahr: China ist im Begriff, sich aus der Interdependenz mit den USA zu lösen und damit seine Verwundbarkeit zu reduzieren. Stattdessen strebt Peking danach, neue Abhängigkeiten zu schaffen, bei denen China am längeren Hebel sitzt.

Indem China weltweit öffentliche Güter wie Infrastruktur, Handels- und Informationswege zur Verfügung stellt, baut es langsam, aber sicher seine Vormachtstellung aus. Mit seiner «Seidenstraßen-Initiative» will das Reich der Mitte über Land- und Seewege seine Wirtschaft mit den Nachbarn in der Region, mit Westasien, Afrika und Europa verbinden. Wenn es als kluge Macht seine nationalen Interessen breiter definiert, anderen erlaubt, davon ebenso zu profitieren, kann es Führung beanspruchen und Gefolgschaft erwarten. Ein Beleg dafür ist Pekings Erfolg, trotz großem Gegendruck der USA, europäische Partner wie Großbritannien, Frankreich und Deutschland für seine Asiatische Infrastruktur-Investitionsbank (AIIB) gewonnen zu haben.

## Geborgte, weil kreditfinanzierte Macht

Während dem amerikanischen Staat Geld fehlt, um selbst im eigenen Land die maroden Straßen, Brücken und Flughäfen zu erneuern, finanziert China weltweit Infrastruktur, entwickelt damit neue Absatzmärkte und kann sich so vom Handelspartner USA emanzipieren – dem es bislang in großen Mengen das Geld geliehen hatte, damit dieser chinesische Produkte kaufen konnte. Wenn China den USA nicht mehr seine billigen Güter und Währungsreserven zur Verfügung stellt, dann betrifft das nicht nur US-Bürger, die aus ihrer Wohlstandsillusion gerissen werden, sondern auch den amerikanischen Staat, der ebenso schon seit Längerem über seine Verhältnisse lebt. China ist nicht mehr bereit, in dem Maße wie bisher mit seinen Devisenreserven den US-Staatshaushalt zu finanzieren, der zu einem Großteil dafür verwendet wird, die Weltmacht militärisch und sicherheitsdienstlich gegen China aufzurüsten. Diese Veränderungen alarmieren die US-Militärindustrie ebenso wie die Wall Street.

Die Vordenker amerikanischer Think-Tanks, etwa General Jim Mattis, der vor seinem Einsatz als Verteidigungsminister (von 2017 bis 2019) in der Trump-Regierung Ideen in der Hoover Institution schmiedete, mahnen zu einer neuen «Grand Strategy».[15] Auch sie nehmen China ins Visier. Anstelle des bisherigen Flickwerks einzelner Strategien gegenüber diversen Ländern und in bestimmten Politikfeldern (Sicherheits-, Handels- oder Energiepolitik) bräuchten die USA wieder eine globale, themenübergreifende Ausrichtung, um Chinas Aufstieg und raumgreifende Aktivitäten einzudämmen. In den Augen der Geostrategen in Washington bildet das Reich der Mitte nunmehr eine Gegenmacht, die es im Sinne eines «rollback» zurückzudrängen gilt.

Im Juli 2020 zerstörte der damalige US-Außenminister Mike

Pompeo die letzten Hoffnungen vieler Europäer, dass sich die USA künftig vielleicht doch noch mit dem wirtschaftlichen und militärischen Aufstieg Chinas arrangieren könnten. An einem symbolischen Ort, der Richard Nixon Presidential Library, machte Pompeo klipp und klar, dass die 1972 von Präsident Nixon und seinem Sicherheitsberater Henry Kissinger eingeläutete Annäherungsstrategie gegenüber China sich als epochaler Fehler erwiesen hätte.[16] In seiner Rede, die an den Kalten Krieg gegen die Sowjetunion erinnerte, bemühte Pompeo in bester Manier Ronald Reagans religiöses Vokabular, um die System- und Wertunterschiede zu China zu verdeutlichen. Die Herrschaft der Kommunistischen Partei Chinas stelle eine Tyrannei dar, die nicht nur das chinesische Volk unterdrücke, sondern auch die «freien Nationen» der Welt bedrohe, lautete die eher weltliche Botschaft an Amerikas Verbündete. Denn die tiefe ideologische Kluft zwischen dem demokratischen und freiheitlichen Westen auf der einen und dem marxistisch-leninistischen und totalitären Regime Chinas auf der anderen Seite sei unüberbrückbar. Um die vom Reich der Mitte ausgehende Gefahr abzuwenden, müssten sich westliche Marktwirtschaften auch von der chinesischen Planwirtschaft «entkoppeln». Pompeo forderte Amerikas Verbündete in Europa und Asien auf, gemeinsam Maßstäbe zu setzen und eine neue Gruppe gleichgesinnter Nationen zu bilden, um der chinesischen Bedrohung zu begegnen.

Zwar sind US-Präsident Trump und sein Mitstreiter Pompeo (vorerst) Geschichte und das Eigenlob für die amerikanische Demokratie nach dem Sturm auf das Kapitol im Zuge des Machtübergangs in Washington ist etwas gedämpfter. Doch mittlerweile besteht auch bei Vertretern der Biden-Regierung keine Hoffnung mehr, dass China im Zuge seines wirtschaftlichen Erfolgs sein politisches System nach und nach demokratisieren könnte. Dies bedeutet eine Abkehr von der bisherigen westlichen «Engagement»-Politik, die auf der Annahme beruhte, China würde sich in die von den USA dominierte westliche Ordnung als «responsible stakeholder» einfügen. Den USA ist nunmehr jedes Mittel recht, um den Aufstieg Chinas einzudämmen oder gar zurückzudrängen. In diesem geo-ökonomischen[17] Wettbewerb ist freies Wirtschaften nicht mehr das Ziel, sondern das Mittel zum geostrategischen Zweck. Wirtschaft wird als Waffe eingesetzt.

Für Europa kann das gravierende Folgen haben, da unsere Wirtschaft stark mit China vernetzt ist. Und welche Konsequenzen eine Entkoppelung kurz- und mittelfristig hätte, konnte man in Ansätzen bereits im Zuge der COVID-19-Krise besichtigen. Als zu Beginn der Pandemie die Container aus China ausblieben, fehlten schnell wichtige Grundstoffe und Alltagsprodukte, auf denen eben allzu oft «Made in China» steht. Nicht einmal die Vorprodukte für Blutdruckmittel wurden in genügendem Umfang in Europa selbst hergestellt, von Masken, Plastikhandschuhen oder Test-Kits ganz zu schweigen. Und als die Wirtschaft langsam wieder in Gang kam, führten die nach wie vor gestörten Lieferketten zu erheblichen Nachschubproblemen – und zu Inflation.

Die westlichen Staaten haben ihre Geldmenge in den letzten Jahren drastisch ausgedehnt. Das lief ohne hohe Inflationsraten ab, weil es eine große Warenelastizität gab. Die amerikanische Notenbank (Fed, kurz für Federal Reserve) und die Europäische Zentralbank (EZB) konnten gar nicht so viel Geld drucken, als dass dem durch Produktionssteigerungen nicht ein entsprechendes Warenangebot hätte gegenübergestellt werden können. Wo das nicht ging, etwa bei Immobilien, schossen die Preise in die Höhe. Würde man jetzt im Sinne Washingtons eine weitere Entflechtung der westlichen Volkswirtschaften und Chinas anstreben, würde diese Elastizität erheblich verringert. Die Folge wären dauerhaft hohe Inflationsraten, also ein Spiel mit dem Feuer. Im Interesse Europas liegt das nicht.

## Umorientierung nach Asien

Mit Chinas Aufstieg geriet die Region Asien-Pazifik ins Zentrum amerikanischer Sicherheits- und Wirtschaftsinteressen. Washington will in jedem Fall verhindern, dass ein möglicher Rivale den USA die See- oder Lufthoheit im eurasischen Raum streitig macht und wirtschaftliche Aktivitäten der USA unterbindet oder ihnen den Zugang zu Ressourcen verwehrt. Obwohl dies selten offen ausgesprochen worden ist, haben die Militäroperationen und diplomatischen Aktivitäten der USA in den vergangenen Dekaden genau dieses zentrale Ziel verfolgt – so lautet die Analyse des Congressional Research Service (CRS), des überparteilichen wissenschaftlichen Dienstes des Kongresses.[18]

Im Januar 2021 wurde ein bislang als geheim eingestuftes zehnseitiges Dokument vom Februar 2018 der Öffentlichkeit zugänglich gemacht, in dem die US-Sicherheitsbehörden ihren «Indopazifischen strategischen Rahmen» abgesteckt hatten. Zu den Kerninteressen Amerikas gehöre demnach, seinen wirtschaftlichen, diplomatischen und militärischen Zugang zu dieser bevölkerungsreichsten und wirtschaftlich interessantesten Region der Welt aufrechtzuerhalten. Dazu gehöre auch, dass die USA wieder die Glaubwürdigkeit ihrer Sicherheitsgarantien gegenüber ihren Alliierten stärken.[19]

Die USA (und ihre Alliierten) auf der einen und China auf der anderen Seite manövrieren sich immer mehr in ein Sicherheitsdilemma: Das individuelle Streben der beiden Protagonisten nach mehr Sicherheit erzeugt am Ende mehr Unsicherheit auf beiden Seiten. Die schon seit Längerem gehegte Befürchtung amerikanischer Sicherheitsstrategen, China wolle in Ostasien eine exklusive Einflusssphäre etablieren, wird durch Chinas zunehmenden Expansionsdrang genährt: seine immer aggressiver werdenden Aktivitäten, eine Sicherheitszone zu errichten und die amerikanische Interventionsfähigkeit zu unterminieren. Die chinesischen Strategen wiederum streben nach dieser Einflusssphäre, um amerikanischen Interventionen und Einflussnahmen begegnen zu können.

Um die für Chinas Wirtschaft – und seine politische Stabilität – überlebenswichtigen[20] indopazifischen Seewege abzusichern, baut Peking eine sogenannte «blue-water navy» auf, das sind hochseetaugliche Marine-Einheiten, die über die Küstenverteidigung hinaus auch eine globale Machtentfaltung zur See ermöglichen sollen. Im Zuge dieser «aktiven Verteidigung» soll zunächst der Raum innerhalb der «ersten Inselkette» kontrolliert werden, der das durch Korea und Japan begrenzte Gelbe Meer, den westlichen Teil des Ostchinesischen Meeres mit Taiwan und das Südchinesische Meer umfasst. Der erweiterte Raum, die «zweite Inselkette», erstreckt sich weiter östlich von den Kurilen über Japan und südostwärts über die Bonin-Inseln und die Marianen bis zu den Karolinen-Inseln.[21]

Chinas raumgreifende Aktivitäten beunruhigen vor allem seine regionalen Nachbarn und drängen diese zur Zusammenarbeit untereinander und mit der «Schutzmacht» USA. Chinas aggressiveres Auftreten hat bereits dazu geführt, dass der Quadrilaterale Sicherheitsdialog (QUAD) zwischen Australien, Indien, Japan und den USA reaktiviert wurde – ein bislang informelles Arrangement, das eingerichtet wurde, um dem wachsenden chinesischen Einfluss im Indischen und Pazifischen Ozean entgegenzuwirken.

Während die USA schon seit Längerem engere Sicherheitsbeziehungen mit Japan und Australien pflegen, war Indien bislang um Äquidistanz zu den beiden Großmächten USA und China bemüht, um seine Unabhängigkeit zu wahren und seine Beziehungen zu China nicht zu belasten. Doch die jüngsten Spannungen zwischen China und Indien haben «die größte Demokratie» der Welt, Indien, bewogen, sich der «ältesten Demokratie», den USA, wirtschaftlich und militärisch anzunähern.

Ebenso wollen Indien und Australien ihre Wirtschafts- und Verteidigungsbeziehungen stärken.[22]

Die Biden-Administration wird in der Region Asien-Pazifik weitere Anstrengungen unternehmen müssen – auch um das Vertrauen in die «Schutzmacht» USA wiederherzustellen, das von der Vorgängerregierung schwer beschädigt wurde. Hatte doch die US-Regierung unter Trump einen radikalen außenpolitischen Kurswechsel vollzogen und auch die asiatischen Verbündeten im Regen stehen lassen, die sich zuvor, nicht zuletzt aufgrund des Drucks der Obama-Regierung, für die USA und gegen ihre wirtschaftlichen Interessen gegenüber China entschieden hatten. Zum Entsetzen seiner Alliierten kündigte US-Präsident Trump in einer seiner ersten Amtshandlungen im Januar 2017 die US-Teilnahme an der Transpazifischen Partnerschaft (Transpacific Partnership, TPP).

Damit verunsicherte die Trump-Regierung die Alliierten umso mehr in der für sie existenziell wichtigen Frage, ob die USA weiterhin für ihren Schutz sorgen würden. Denn das stärkste Argument der USA unter Obama, mit dem sie Länder wie Japan dazu bewegen konnten, sich gegen ihre wirtschaftlichen Interessen gegenüber China zu entscheiden und sich der amerikanischen Initiative anzuschließen, war der Schutzschild der USA. Mit ihrer Transpazifischen Partnerschaft, die sich explizit nicht an China richtete, reagierten die USA auf dessen Bemühungen, die Region Asien in eine Wirtschaftsgemeinschaft zu integrieren. China antwortete wiederum auf die Ausgrenzungsversuche der USA, indem es seinerseits mit der Regional Comprehensive Economic Partnership (RCEP) ein asiatischpazifisches Forum gründete, das die USA außen vor ließ.

Mit der Transpazifischen Partnerschaft sollte seinerzeit das Kernstück von Amerikas vielbeachteter, aber in Asien zwischenzeitlich angezweifelter «Hinwendung nach Asien» untermauert werden. Laut Michael Froman, damals Handelsbeauftragter der USA und davor als Stellvertreter Nationaler

Sicherheitsberater für Wirtschaftsfragen zuständig, ging es nicht nur um «ökonomische», sondern auch um «strategische» Ziele, die in der asiatisch-pazifischen Region verfolgt werden müssen: «In wirtschaftlicher Hinsicht würde TPP eine Gruppe zusammenbinden, die 40 Prozent der globalen Wirtschaftsleistung und ein Drittel des Welthandels repräsentiert. Strategisch gesehen ist TPP der Weg, über den die USA in Zusammenarbeit mit knapp einem Dutzend weiterer Länder (ein weiteres halbes Dutzend in Wartestellung) eine Führungsrolle einnehmen können, um die Regeln in einer entscheidenden, im Wandel begriffenen Region zu bestimmen.»[23] Der damalige US-Verteidigungsminister Ashton Carter brachte noch schwereres rhetorisches Geschütz in Stellung: Für ihn sei das transpazifische Handelsabkommen «genauso wichtig wie ein weiterer Flugzeugträger».[24]

Überraschend für Washington entschieden sich die restlichen elf TPP-Anwärter unter Japans Leitung nach Trumps Affront, das nun in Comprehensive and Progressive Agreement for Trans-Pacific Partnership (CPTPP) umbenannte Abkommen weiter zu verhandeln. Mit dem im März 2018 in Chile unterzeichneten und seit Dezember 2018 in Kraft getretenen CPTPP hat Japan versucht, seine wirtschaftliche Abhängigkeit von den USA zu reduzieren. Denn Japan wurde in der Amtszeit Trumps, ebenso wie Amerikas NATO-Verbündete Kanada und Deutschland, von seiner «Schutzmacht» mit Strafzöllen erpresst.

Die Biden-Administration wird alles daran setzen, die geoökonomisch nun umso dringlicher gewordene Transpazifische Partnerschaft (TPP) in der einen oder anderen Form neu zu beleben. Im härter werdenden Wettbewerb in der Region Asien-Pazifik geht es zuvorderst darum, Trumps strategischen Fehler zu korrigieren. Amerikas «Hinwendung nach Asien» wird also voraussichtlich von der Biden/Harris-Regierung fortgeführt – weiterhin auf Kosten der Transatlantischen Handels- und Investitionspartnerschaft (TTIP) und europäischer Interessen. Angesichts der ökonomischen und geopolitischen Perspektiven

in der Wachstumsregion Asien-Pazifik droht Europa wirtschaftlich noch mehr ins Hintertreffen geraten.

Schon während der Amtszeit Präsident Obamas wurde in
Europa darüber diskutiert, welche Folgen die amerikanische
Hinwendung nach Asien haben würde. Es lag auf der Hand,
dass sich daraus die Notwendigkeit ergab, die eigenen Fähigkeiten im Bereich der Außen- und Sicherheitspolitik zu erhöhen
und die militärischen Ausgaben zu steigern. Zwar wurde seitdem etwas mehr Geld ausgegeben, aber am grundsätzlichen Be-
fund hat sich nichts geändert: Europa ist nach wie vor nicht darauf vorbereitet, dass sich die Prioritäten der USA verschoben
haben. Doch ist unsere Sicherheit wirklich so wenig bedroht,
dass wir uns das leisten könnten?

## Angriff als Verteidigung:
## Russland zwischen China und dem Westen

Russlands geographische Lage bedingt zugleich Stärken und Schwächen. Mit über 17 Millionen Quadratkilometern Fläche, die sich über neun Zeitzonen erstrecken, ist Russland nicht nur das flächenmäßig größte Land der Erde, sondern besitzt auch die weltweit größten Rohstoffvorkommen. Neben Metallerzen und Uran verfügt es insbesondere über erhebliche Vorkommen an den fossilen Brennstoffen Erdöl, Erdgas und Kohle. Zwar nehmen sich Russlands 6,2 Prozent der Weltvorkommen bei Erdöl im Vergleich zu den Vorräten des Nahen und Mittleren Ostens eher bescheiden aus. Doch mit knapp einem Fünftel (19,1 Prozent) der Weltgasvorräte ist Russland – vor dem Iran (16,1 Prozent), Katar (12,4 Prozent) und den USA (6,5 Prozent) – der dominante Spieler auf den Erdgasmärkten. Europa ist gegenwärtig in seiner Energieversorgung vom günstigen russischen Erdgas abhängig – zumindest so lange, bis es im Rahmen des Green New Deal auf regenerative Energien umgestellt hat.[1]

Diese Rohstoffe sind Segen und Fluch zugleich für Russland. Makroökonomisch kann wegen Rohstoffexporten die Währung eines Landes derart aufgewertet werden, dass die Produkte anderer Exportbranchen im Ausland teurer und damit nicht mehr konkurrenzfähig werden. Ebenso wird die Wettbewerbsfähigkeit anderer Wirtschaftssektoren vermindert, wenn der für die Erwirtschaftung von Devisen lebensnotwendige Rohstoffsektor allzu sehr gefördert wird. Seit Jahrzehnten versucht die russische Führung, die Wirtschaft vom Ressourcen-

fluch zu befreien. Trotz zahlreicher Diversifizierungsbemü-
hungen ist jedoch Energie der dominante Wirtschaftssektor in
Russland geblieben. Heute entfällt immer noch mehr als die
Hälfte des Wertes der gesamten russischen Warenexporte auf
Erdöl und Erdgas.[2]

Wegen ihrer übermäßigen Abhängigkeit von den Rohstoffexporten wird die russische Wirtschaft durch die Volatilität
der globalen Ölpreise beeinträchtigt. Den Ausschlag für diese
Schwankungen können internationale Krisen im Mittleren
Osten oder das Produktionsverhalten anderer mächtiger Öl-
und Gasproduzenten wie Saudi-Arabien und die von den
Saudis angeführte Organisation erdölexportierender Länder
(OPEC) geben. Im Kreml ist man fest davon überzeugt, dass
der Untergang der Sowjetunion weniger durch das Rüstungs-
wettrennen mit den USA in den 1980er-Jahren als vielmehr
durch die damals von Saudi-Arabien verursachten niedrigen
Ölpreise befördert wurde. Preisrückgänge können auch das
heutige russische Regime in die Bredouille bringen. Denn die
Rohstoffexporte ermöglichen dem russischen Staat, Devisen zu
erwerben, inländische Subventionen aufrechtzuerhalten und
andere Ausgaben zu finanzieren – und sind damit auch wichtig
für die Handlungsfähigkeit und Stabilität des autokratischen
Regimes. Zwar sind noch üppige Energiereserven vorhanden,
doch angesichts der Korruption bei der staatlich dominierten
Rohstoffausbeutung und möglicher Preiseinbrüche auf den
Energiemärkten besteht die Gefahr, dass eine zerfallende russische Autokratie den Westen vor noch größere Herausforderungen stellen wird[3] als die außenpolitisch immer zur Schau ge-
stellte Energiepotenz des Kreml-Führers – die bei genauerem
Hinsehen und historischer Kenntnis eigentlich Schwächen kaschieren soll.[4]

## Geographisch bedingte Angriffsflächen

Wegen seiner Geographie ist Russland verwundbar, denn es ist nicht wie die USA durch zwei große Ozeane geschützt, sondern grenzt an zahlreiche andere Länder. Während es Meere vom Rivalen USA und dessen Verbündeten Japan trennen, teilt Russland Landesgrenzen mit 14 Staaten. Dass eine solche Lage verwundbar macht, erfuhr Russland in traumatischen, bis heute im kollektiven Gedächtnis der Russen verankerten historischen Ereignissen: durch Napoleons Russlandfeldzug 1812 und den Krieg, den das Deutsche Reich von 1914 bis 1918 gegen seinen damals noch direkten Nachbarn führte. Auch im Zweiten Weltkrieg war Russland umgeben von Feinden: im Osten von Japan, und im Westen griff Deutschland nach Raum. Hitlers Vernichtungskrieg fielen in der Sowjetunion schließlich knapp 30 Millionen Menschen zum Opfer, und große Teile des Landes wurden zerstört. Dass Moskau nach 1945 einen «Cordon sanitaire», einen Schutzgürtel aus europäischen Sowjetrepubliken und Satellitenstaaten, schuf, war laut dem Historiker Gregor Schöllgen auch diesen traumatischen Erfahrungen geschuldet.[5]

Die Auflösung der Sowjetunion 1991 bedeutete für Wladimir Putin denn auch «die größte geopolitische Katastrophe» des 20. Jahrhunderts.[6] Mit dem Zerfall der Sowjetunion entstand aus einem bis dahin einheitlichen politischen und ökonomischen Raum eine instabile und unsichere Zone. Russlands unmittelbare Nachbarn waren nun junge Staaten, die durch ethnische Konflikte destabilisiert zu werden drohten.[7] Es waren auch jene ethnischen Konflikte, die bereits Ende der 1980er-Jahre deutlich zutage getreten waren und zum Zerfall der Sowjetunion beigetragen hatten. Sie sprengten das in den 1940er-Jahren von Stalin umso enger geschnürte Korsett. Die meisten Grenzen des föderalen Staatsaufbaus der Sowjetunion – und damit ihrer heutigen Nachfolgestaaten – waren bereits davor am Reißbrett unter Missachtung ethnischer und historischer Zusammenhänge gezogen worden.

«Mit seinem Konzept eines starken Staates reagierte Präsident Wladimir Putin nicht zuletzt auch auf die Instabilität der 1990er Jahre»,[8] erläuterte der Politikwissenschaftler und Russland-Kenner Stefan Meister die bis heute wirksame Motivation innen- und außenpolitischer Ordnungsmacht-Bestrebungen des immer noch amtierenden russischen Präsidenten. Bis heute befinden sich im post-sowjetischen Raum mehrheitlich schwache Staaten mit einer Vielzahl von Konfliktzonen. Russland hat nicht die erforderlichen ökonomischen Ressourcen und in manchen Fällen auch nicht den Willen, diese Konflikte zu befrieden, denn über die fortwährenden Auseinandersetzungen konnte und kann es diese schwachen Staaten kontrollieren und damit russischen Einfluss sichern.

Russlands Außenpolitik im post-sowjetischen Raum ist durch seine vitalen Sicherheitsinteressen und Machtambitionen motiviert. Um Gefahren abzuwehren, seine Vormacht über die Region zu sichern und den Handlungsspielraum externer Akteure wie den USA (und der von ihnen geführten NATO) oder China zu begrenzen, setzt Moskau inzwischen umso mehr auf seine traditionellen Stärken: das sind militärische Machtressourcen.[9]

Für die russische Führung ist Militärmacht unabdingbar, um ihre nationalen Interessen durchzusetzen. Damit kann, so die historische Erfahrung, das Verhalten anderer Staaten im Sinne der eigenen Interessen verändert werden. Für den russischen Präsidenten Putin sind starke Streitkräfte eine «notwendige Bedingung», damit andere überhaupt «auf das hören, was wir zu sagen haben».[10] Hingegen würde militärische Schwäche zu Angriffen einladen. Dementsprechend warnte Putin, dass «wir niemanden mit unserer Schwäche verführen dürfen».[11] In seiner Rede vor der Föderalversammlung 2018 erläuterte der russische Präsident, dass Moskaus Sicherheitsbedenken von den USA

ignoriert werden konnten, solange Russlands Streitkräfte noch
schwach waren.[12]

Der nüchternen Lageanalyse folgte entschiedenes Handeln.
Bei der militärischen Aufrüstung ist die Kreml-Führung jedoch
auch immer gehalten, den wirtschaftlichen Voraussetzungen
Rechnung zu tragen. Laut den Daten des International Institute
for Strategic Studies (IISS) verdoppelte sich der russische Ver-
teidigungshaushalt von 25 Milliarden Dollar im Jahr 2008 auf
knapp 50 Milliarden Dollar im Jahr 2017.[13] Mit der Überwin-
dung des Wirtschaftscrashs von 1998 begann Russlands Vertei-
digungsbudget zu wachsen. Vor allem zwischen 2011 und 2015
stiegen die russischen Verteidigungshaushalte sprunghaft an; sie
wuchsen inflationsbereinigt um durchschnittlich zehn Prozent
pro Jahr. Diese Erhöhungen endeten 2015, als der Rückgang der
Ölpreise auf dem Weltmarkt und die Rezession zu einer merklichen Schmälerung der Einnahmen des russischen Staates führten.[14]

Insbesondere wurde in «Personal» investiert. Mit über einer
Million Soldaten verfügt Russland heute nach China (2,2 Millionen), Indien (1,5), den USA (1,4) und Nordkorea (1,3) über
die weltweit fünftgrößten Streitkräfte.[15] Vor allem wurde die
Qualität verbessert, indem durch eine Reform seit 2008 das russische Militär professionalisiert worden ist: Russlands Streitkräfte bestehen mittlerweile zu zwei Dritteln aus Berufs- und
Zeitsoldaten und nur mehr zu einem Drittel aus Wehrpflichti-
gen. Insbesondere die schnell einsetzbaren Kräfte wurden verstärkt und auch materiell aufgerüstet.[16] Im Zuge einer Militär-
reform wurde auch die militärische Hardware modernisiert.
Nicht zuletzt sind die russischen Streitkräfte durch ihre Ein-
satzerfahrungen in Militäroperationen, etwa in Syrien seit 2015,
professionalisiert und das neue Material im Gefecht erprobt
worden.

### Russlands «Zone privilegierter Interessen»

Mit militärischen Interventionen in Georgien im August 2008 und seit 2014 in der Ukraine demonstrierte Russland seine militärischen Fähigkeiten und behauptete seine regionale Vormachtstellung, indem es gegenüber dem «Westen» rote Linien zog. Um seine Hegemonie zu wahren, ist Russland auch zur Kooperation bereit, allen voran mit den Separatistengebieten Abchasien, Südossetien und Transnistrien oder Staaten wie Armenien, Tadschikistan und Kirgistan, die auf Russlands militärischen Schutz angewiesen sind. Dazu dient nicht zuletzt die von Russland geführte Militärallianz der Organisation des Vertrags über Kollektive Sicherheit (OVKS).

Um sich den nötigen strategischen Spielraum zu bewahren, legt Moskau die geographischen Grenzen der beanspruchten «Zone privilegierter Interessen»[17] nicht genau fest. Als «nahes Ausland»[18] gelten heute in Russland alle Staaten des post-sowjetischen Raumes, wobei jedoch offengelassen wird, inwieweit die drei baltischen Staaten, namentlich Litauen, Lettland und Estland, hinzugezählt werden, die sich am 1. Mai 2004 mit ihrem NATO- und EU-Beitritt dem westlichen Bündnis anschlossen.

Seitdem will Russland umso mehr den Handlungsspielraum externer Akteure, vor allem der USA, in seinem Einflussgebiet begrenzen und die Spielregeln selbst bestimmen. Unter anderem verwehrt Moskau post-sowjetischen Staaten ihr souveränes Recht, ihre Allianzen frei zu wählen. So warnte im August 2018 der russische Ministerpräsident Dmitry Medwedjew Georgien vor einem «fürchterlichen Konflikt», falls das Land der NATO beitreten sollte.[19] Dieses Verhalten wird von westlichen Staaten zu Recht kritisiert, widerspricht es doch den in der Charta von Paris vereinbarten Prinzipien der inneren und äußeren Souveränität von Staaten sowie deren Recht auf freie Bündniswahl. Gleichwohl haben sich deutsche Kanzler konsequent gegen die von Washington forcierte NATO-Aufnahme Georgiens und der Ukraine ausgesprochen.

Auf dem NATO-Gipfel in Bukarest wurde im April 2008 eine generelle Beitrittsperspektive für Georgien und die Ukraine beschlossen. Die Formel lautete, es sei nicht mehr die Frage «ob», sondern «wann» die beiden Länder NATO-Mitglieder würden. Der damalige US-Präsident George W. Bush wollte den Beitritt unbedingt noch während seiner Amtszeit in die Wege leiten, doch Bundeskanzlerin Angela Merkel und der französische Präsident Nicolas Sarkozy durchkreuzten diese Pläne. Seitdem wurde die generelle Beitrittsperspektive zwar bei jedem NATO-Gipfel aufrechterhalten, aber es hat sich auch kein US-Präsident mehr mit hohem Nachdruck dafür eingesetzt.

Denn auch in den westlichen Hauptstädten weiß man, dass die bisherige Osterweiterung der NATO und die Mitgliedschaftsperspektiven für Georgien und die Ukraine sowie die militärische Zusammenarbeit von USA und NATO mit postsowjetischen Staaten im Kreml als Bedrohung wahrgenommen werden. Die russische Führung betrachtet die post-sowjetischen Staaten als Puffer gegen Sicherheitsbedrohungen von außen. Die an der Grenze zur NATO liegenden Staaten bilden im strategischen Kalkül Moskaus einen vorgelagerten Verteidigungsring.

Hinzu kommt, dass im Falle eines NATO-Beitritts Georgiens und der Ukraine inklusive der Krim und Abchasiens das Schwarze Meer zu einem NATO-Meer würde. Dies erklärt auch, warum sich Moskau die Kontrolle über die Krim und Abchasien sicherte. Mit beiden Territorien besitzt der Kreml die Möglichkeit, der NATO den Zugang zum Schwarzen Meer zu verwehren, ohne sie kann hingegen die NATO Russland von den Meerengen am Bosporus abschneiden. Die Sicherheitsinteressen Moskaus sind durch die NATO-Beitrittsperspektiven für Georgien und die Ukraine also massiv betroffen. Deswegen versteht den Konflikt auch nicht, wer die geostrategischen Implikationen ausblendet und sich nur auf rein rechtliche Aspekte beschränkt. Und einmal umgekehrt gefragt: Würde Washington die freie Bündniswahl respektieren, wenn Mexiko ein Militärbündnis mit China schlösse? Möglich ist das natürlich, aber die historischen Erfahrungen mit der amerikanischen Lateinamerika-Politik legen das nicht unbedingt nahe.

### Sicherheitsdilemma

Gleichzeitig jedoch haben Georgien und die Ukraine sowie die baltischen Staaten und Polen ebenfalls Sicherheitsinteressen und berechtigte Sorgen im Hinblick auf die russische Politik. Insofern besteht in der Region ein klassisches Sicherheitsdilemma. Deutlich wird es etwa, wenn die Rückversicherungsmaßnahmen der NATO für ihre östlichen Mitgliedstaaten von Moskau als Teil einer offensiv motivierten Aufrüstung und somit als Bedrohung wahrgenommen werden, so geschehen etwa bei der formal auf dem Rotationsprinzip basierenden Stationierung von vier multinationalen NATO-«Battlegroups» in Litauen, Lettland, Estland und Polen. Auch die Vorbereitungen des NATO-Frühjahrsmanövers «Defender Europe 21», eines der größten Manöver in Europa seit dem Zweiten Weltkrieg, bei dem trotz des COVID-19-Lockdowns im Mai und Juni 2021 etwa 30 000 Soldaten, vorwiegend der US Army, an die Außengrenze der EU in Richtung Russland verlegt werden sollten, wertete Moskau als aggressiven Akt.

«Die Organisatoren von Provokationen, welche die grundlegenden Interessen unserer Sicherheit bedrohen, werden ihre Taten so bereuen, wie sie lange Zeit nichts bereut haben», warnte Russlands Präsident Putin am 21. April 2021 in seiner Ansprache zur Lage der Nation die westlichen Streitkräfte davor, nicht jene «roten Linien» zu überschreiten, die Russland selbst bestimme.[20] Auf deren Missachtung würde «schnell, asymmetrisch und scharf» reagiert werden. Putin verwies diesbezüglich auch auf Russlands modernisiertes Atomwaffenarsenal. Dazu gehören unter anderem die Hyperschall-Rakete namens «Dagger» und ein nuklearer «Poseidon»-Torpedo, der nach Angaben russischer Regierungsvertreter einen «radioaktiven Tsunami» auslösen könnte. Um dem Westen seine Grenzen und die Kräfteverhältnisse bei konventionellen Fähigkeiten unmissverständlich zu verdeutlichen, hatte Putin zuvor bereits über 150 000 russische Soldaten[21] an die ukrainisch-russische Grenze befohlen. Nachdem Moskau dem Westen damit ein deutliches Signal seiner Stärke und Entschlossenheit gesendet hatte, wurden am 1. Mai 2021 das «Übungsmanöver» beendet und Soldaten und Gerät – mit wenigen Ausnahmen – wieder in ihre Heimatstellungen zurückbeordert.[22]

Um die Abwehr eines «gegnerischen Luftangriffs» zu üben, haben im April 2021 zudem mehr als 20 russische Kriegsschiffe an einem Manöver im Schwarzen Meer teilgenommen. Laut Angaben der Schwarzmeerflotte der russischen Marine, deren Hauptstützpunkt auf der von Russland 2014 annektierten ukrainischen Halbinsel Krim liegt, war auch die Luftwaffe an der Übung mit Kampfflugzeugen des Typs Suchoi Su-25SM3 beteiligt. Dabei wurden über 50 Kampfflugzeuge auf die Krim verlegt.[23] Russlands Führung sah sich genötigt, auch hier dessen Machtanspruch zu verdeutlichen, hatten doch eine Woche zuvor Schiffe der ukrainischen Flotte gemeinsam mit der rumänischen Marine und davor, im Februar 2021, mit US-amerikanischen Schiffen Übungen im Schwarzen Meer abgehalten.[24]

Mit dem erneuten Aufmarsch von über 100 000 russischen Soldaten seit Ende 2021 signalisierte Putin einmal mehr seine Bereitschaft, aufs Äußerste zu gehen, sollte der Westen «seine» roten Linien überschreiten und die Ukraine in die NATO integrieren oder dort weitere Waffen stationieren wollen. In dieser Auseinandersetzung wähnt sich Putin militärisch am längeren

Hebel. Denn die amerikanische Führungsmacht und ihre NATO-Verbündeten sind erklärtermaßen nicht bereit, das Leben ihrer Soldaten für die Ukraine zu riskieren. Während Kiews Schicksal die Sicherheitsinteressen der USA nur peripher tangiert, ist und bleibt die Ukraine wegen ihrer geographischen Lage an der unmittelbaren Grenze zu Russland im «vitalen Interesse» Moskaus.

Geostrategisch denkende Köpfe in den USA hätten nicht überrascht sein dürfen, dass das bereits von US-Präsident Obama zur «Regionalmacht» degradierte Russland derart heftig reagiert, um den von ihm beanspruchten Einflussbereich in seiner unmittelbaren Nachbarschaft zu sichern. Jenseits der eigenen Sicherheitsbedürfnisse erachtet Russland die Kontrolle über die eigene regionale Einflusssphäre für nötig, um wieder als Weltmacht ernst genommen zu werden. Russland sieht sich nicht nur als Regionalmacht, sondern versucht mit seiner Außen- und Sicherheitspolitik an die glorreiche Zeit der Sowjetunion anzuknüpfen und als Großmacht wieder mehr internationale Anerkennung zu gewinnen. Die Aufgabe russischer Außenpolitik bestehe darin, so das «Außenpolitische Konzept» von 2016, den Status des Landes «als Einflusszentrum in der heutigen Welt zu konsolidieren».[25] In der heutigen multipolaren Weltordnung will Russland sich als eigenständiger Pol behaupten.

## Europas Diplomatie der Stärke

Der Umgang mit Russland ist in Deutschland höchst umstritten. Die Fronten sind gelegentlich so sehr in einem Entweder-oder erstarrt, dass eine nüchterne Lagebeurteilung dadurch erschwert wird – wobei das bislang eher für die Öffentlichkeit galt als für die Politik, weil Angela Merkel eine sehr realistische Außenpolitik betrieb.

Kurz gesagt, ignoriert die eine Seite, dass Russlands Aggression ein Zeichen von Schwäche ist, nicht von Stärke. Es handelt sich um einen Angriff, der einer gefühlten Verteidigungshaltung entspringt. Stattdessen erscheinen Putins Handlungen als Ausdruck imperialer Herrschaftsinteressen, wird seine Politik als expansiv angesehen und gerne in einen Zusammenhang gestellt mit der Politik der «Achse» in der Zwischenkriegszeit. Kein neues München!, lautet daher die Lehre, also kein Nachgeben und keine Schwäche wie 1938, als man vor dem Konflikt zurückscheute und Hitler im Münchner Abkommen die Tschechoslowakei auslieferte. Daran ist zwar richtig, dass jeder Anschein von Schwäche vermieden werden muss. In Putins Weltsicht hat der Westen die Schwäche Russlands ausgenutzt. Nur die Interessen des Starken werden wahrgenommen und respektiert. Wer so denkt, wendet diese Lehre auch dann an, wenn er selbst in der Position der Stärke ist.

Allerdings ist es ein großer Unterschied, ob ein Aggressor eine imperialistische Expansionspolitik verfolgt, wie die Achsenmächte in den 1930er-Jahren, oder ob es ihm im Kern um die eigene Sicherheit und die Bewahrung seines Einflusses geht. Im ersten Fall helfen nur Konfrontation und Härte. Ein Konflikt ist nicht zu vermeiden, er muss rechtzeitig geführt werden. Im zweiten Fall dagegen verstärken Konfrontation und Härte nur die Bedrohungswahrnehmung und setzen eine Eskalationsspirale in Gang. Es braucht Verhandlungen und Initiativen, die das Sicherheitsdilemma überwinden. Es muss mühsam Vertrauen aufgebaut werden, gerade indem man miteinander redet, auch wenn einem das persönlich unangenehm sein mag. So verständlich das Bedürfnis ist, gegenüber Russland endlich einmal kompromisslos Härte zu zeigen – es ist die falsche Antwort, wenn es einem um Frieden und Sicherheit geht.

Umgekehrt neigen viele «Putin-Versteher» dazu, die Bedrohung zu unterschätzen, die ein aus Schwäche aggressives Russland darstellt. Aus ihrer Sicht geht die Aggression allein vom

Westen aus, der Russland durch die NATO-Osterweiterung einkessele und abschnüre. Sie sehen Russland in einer reinen Verteidigungshaltung und übersehen, dass sich diese auch in einem Angriff äußern kann, einem Angriff als Verteidigung. Durch seine Annexion der Krim und die Intervention in der Ostukraine hat Russland die europäische Friedensordnung verletzt und militärische Gewalt als politisches Mittel in Europa wieder auf die Tagesordnung gesetzt. Wer garantiert, dass Moskau sie nicht in anderen Bezügen erneut einsetzt? Dass sich eine Mehrheit der Deutschen dadurch nicht bedroht fühlt, dürfte auch daran liegen, dass wir keine unmittelbaren Grenzen mit Russland haben und sich die Vorstöße des Kreml gegen osteuropäische Länder richten, mit denen die meisten Deutschen nicht viel verbindet. Wären sie in der Lage sagen wir Polens, würden sie dies vermutlich anders sehen.

Und es kommt noch etwas hinzu: So wie es keine Garantie gibt, dass in Washington nicht erneut Donald Trump oder ein ihm gleichgesinnter Präsident ins Weiße Haus einzieht, so ist auch nicht gesagt, dass Putin ewig an der Macht bleibt. Was passiert, wenn die Autokratie in Russland zerfällt? Wenn das Land ins Chaos der Jelzin-Jahre zurückfällt oder, schlimmer noch, ein Rechtsradikaler die Macht übernimmt? Wladimir Putin wird hierzulande zu Recht von vielen kritisch gesehen. Dennoch könnte es sein, dass man sich in Zukunft noch nach ihm zurücksehnen wird, denn bei aller Aggressivität ist Russland unter ihm doch grundsätzlich berechenbar geblieben, weil er vor der ganz großen Eskalation immer wieder zurückgeschreckt und Risiken kühl kalkulierend eingegangen ist. In einer solch unsicheren Lage zu argumentieren, von Russland gehe keine Bedrohung aus, zeugt nicht gerade von strategischem Weitblick und ist sicherheitspolitisch gefährlich.

Europas Interesse besteht darin, eine stabile regionale Friedensordnung zu etablieren, die die Anwendung von Gewalt und Zwang zwischen Staaten ausschließt und Foren schafft, in denen widerstreitende Interessen auf dem Verhandlungsweg gelöst werden können. Also im Kern das, was mit der Charta von Paris angestrebt wurde, sich aber bislang nicht verwirklichen ließ. Aus europäischer Sicht geht es zudem darum, Russland einzubinden und einzuhegen und es nicht gänzlich an die Seite Chinas zu treiben. Um die Konflikte an der europäischen Peripherie zu lösen, bleibt Europa auf Russland angewiesen, ebenso – zumindest mittelfristig – auf die Versorgung mit billigem russischen Erdgas. Und jedem sollte bewusst sein, dass in einem Krieg mit Russland Europa das Kampffeld wäre.

Doch ist das Russland von 2022 ein anderes als das Russland von 1994 oder von 2001. Es hilft nichts, sich einen Partner herbei zu fantasieren, der nicht existiert. Wie also könnte ein europäischer Weg im Umgang mit Russland aussehen? Denkbar – und historisch bewährt – sind zwei Vorgehensweisen: Wandel durch diplomatische Annäherung und glaubwürdige militärische Abschreckung. Es braucht eine Kombination aus einer Politik der Stärke und einer Politik der ausgestreckten Hand. Also im Kern das, was Helmut Kohl und Horst Teltschik in der zweiten Hälfte der 1980er-Jahre sehr erfolgreich praktiziert haben, aufbauend auf dem NATO-Doppelbeschluss und der neuen Ostpolitik von Willy Brandt und Egon Bahr. Das bedeutet, keine Zweifel daran aufkommen zu lassen, dass militärische Aggressionen nicht unbeantwortet bleiben werden, und sicher zu stellen, dass auch glaubwürdige militärische Mittel zur Abschreckung vorhanden sind. Es bedeutet aber ebenso, nach neuen Wegen zu suchen, wie das Sicherheitsdilemma aufzulösen ist, wie neues Vertrauen geschaffen werden kann. Dabei geht es um Initiativen für eine neue Sicherheitsarchitektur, in der die Interessen aller Parteien aufgehoben sind, Sicherheit miteinander, nicht gegeneinander.

Konkret könnten erste vertrauensbildende Maßnahmen so aussehen, dass eine offizielle Rücknahme der NATO-Beitrittsperspektive der Ukraine und Georgiens in Aussicht gestellt wird – allerdings als Ergebnis eines Prozesses, an dessen Ende eine neue Sicherheitsarchitektur steht. Ein weiterer Schritt könnte die Wiederbelebung des A-KSE-Prozesses sein, also des Versuches, den KSE-Vertrag, also den im November 1990 unterzeichneten Vertrag zur Begrenzung der konventionellen Streitkräfte in Europa, an die neuen Gegebenheiten nach der Auflösung des Warschauer Paktes und der Sowjetunion anzupassen. Diese Verhandlungen wurden von westlicher Seite blockiert mit dem Ergebnis, dass der KSE-Vertrag nicht mehr in Kraft ist. Die Wiederaufnahme der Verhandlungen könnte den Auftakt setzen für eine Neubelebung der Abrüstungsverträge.

## Ménage à trois: USA, Europa und Russland

Wer bereit ist zu suchen, der wird jedenfalls Punkte finden, an denen sich der Hebel ansetzen lässt, um von der gegenwärtigen Eskalationsspirale zurückzufinden in ein kontrolliertes Miteinander. Doch eines zeigen schon die hier nur angedeuteten Punkte zweifelsfrei: Europa ist gar nicht in der Lage, eine eigenständige Russlandpolitik zu betreiben. Denn die Garantien, auf die es dem Kreml ankommt, kann gegenwärtig nur Washington geben. Insofern ist Europa hier wie in so vielen anderen Dingen davon abhängig, welche Politik gerade in den USA verfolgt wird. Das wäre kein Problem, wenn Interessengleichheit bestünde oder man immer einer Meinung wäre. Doch dem ist nicht so. Spätestens seit der russischen Einmischung in den amerikanischen Präsidentschaftswahlkampf 2016 herrschte in Washington der Wille zur Konfrontation mit Moskau vor – auch wenn Präsident Trump eigentlich eine andere Politik verfolgen wollte.

Emmanuel Macrons Ansinnen vom Herbst 2020, sich «autonom» von den USA an Russland anzunähern,[26] wurde von der angelsächsischen Presse erwartungsgemäß überwiegend kritisch

kommentiert.[27] Ebenso wenig überraschend gab es in Kern-
Europa und vor allem in Deutschland eher Zustimmung für die
Initiative des französischen Präsidenten. In einem internen Memo
forderte der EU-Botschafter in Russland, Markus Ederer, bereits im Herbst 2019 einen «pragmatischen» Schritt hin zu einer
«verstärkten Koordinierung» mit Russland, um im «eurasischen
Wettbewerb» nicht den Kürzeren zu ziehen, zumal Chinas Ein-
fluss in der Region wachse und auch auf Kosten europäischer
Wirtschaftsinteressen gehe.[28] Zuvor hatte Bundeskanzlerin
Merkel am 16. Februar 2019 bei der Münchner Sicherheitskonferenz in Anwesenheit des damaligen ukrainischen Präsidenten
Petro Poroschenko die bemerkenswerten Fragen gestellt: «Wollen wir Russland nur noch in die Abhängigkeit oder in die
Erdgasabnahme von China bringen? Ist das unser europäisches
Interesse?» Die deutsche Bundeskanzlerin ließ keinen Zweifel,
indem sie ihre rhetorischen Fragen auch nochmal explizit be-
antwortete und Deutschlands Interesse verdeutlichte, nämlich
dass «wir auch ein bisschen an den Handelsbeziehungen teilha-
ben wollen» und darüber «offen reden» müssten.[29]

Bei aller gebotenen Vorsicht wollen auch Sicherheitsstrategen
des International Institute for Strategic Studies (IISS) in London nicht ausschließen, «dass Deutschland und seine europäischen Verbündeten eines Tages eine akzeptable diplomatische
Vereinbarung mit Russland schließen könnten, die es von China
weglockt oder es zumindest zu einer neutralen Haltung über-
redet, ohne die Interessen und demokratischen Prinzipien anderer europäischer Staaten zu opfern.»[30] Dies ist auch deshalb
nicht völlig abwegig, weil Chinas Machtzuwachs in Moskau
trotz aller Annäherungen mit Argusaugen betrachtet wird. Die
russische Führung hat zwar große Anstrengungen unternom-
men, die Kundschaft für Energieexporte auszuweiten. Neben
Europa sollen nach den Plänen des Kremls künftig auch ener-
giebedürftige asiatische Länder, allen voran China, mit russischen Rohstoffen versorgt und damit Einnahmen und das Re-

gime dauerhaft gesichert werden. Über eine östliche Route
(«Power of Siberia») und eine noch ehrgeizigere westlich davon
verlaufende Route («Altai Gas Pipeline») soll künftig russisches
Gas nach China gepumpt werden.[31] China ist allerdings nicht
nur an Rohstoffen, sondern auch an Waffen aus Russland interessiert. Und Russland ist gerne bereit, beides zu liefern, braucht
es doch dringend Devisen, die ihm vom Westen vorenthalten
werden. Einige Beobachter sehen sogar schon eine «umfassende
strategische Partnerschaft» am Horizont.[32] Dennoch, Russland
und China sind ebenso auch Konkurrenten. Russlands militärische Präsenz im post-sowjetischen Raum, insbesondere in Zentralasien, soll seine nationalen Interessen auch vor Chinas wach-
sendem wirtschaftlichen und militärischen Einfluss schützen.
Kritisch beäugt werden vor allem die bilateralen Militärübun-
gen, die Chinas Volksbefreiungsarmee mit zentralasiatischen
Staaten abhält, und die Tatsache, dass Tadschikistan und Kirgistan bei der Ausbildung und Ausrüstung ihrer Streitkräfte von
China unterstützt werden. Moskau sieht sehr wohl Pekings
Motivation. Denn schließlich sind die zentralasiatischen Staaten
auch zentral für Chinas «Seidenstraßen-Initiative».[33] Durch
Chinas Initiativen in Zentralasien fühlt sich Russland jedenfalls
in seiner traditionellen Einflusssphäre herausgefordert.

### Europas Optionen ohne US-Schutz

Strategisch denkende US-Sicherheitsexperten, etwa von
der Brookings Institution,[34] befürchten daher schon seit Längerem, dass Sanktionen gegen Russland, besonders solche im
Energiebereich, den USA selbst schaden, weil sie Russland gewissermaßen zwingen, sich noch stärker nach Asien zu orientieren. Für die Weltenplaner in Washington wäre ein festes
strategisches Bündnis zwischen Russland und China ein sehr
bedrohliches Szenario. Bereits heute wären die USA nicht mehr

in der Lage, einen Zweifrontenkrieg, also gegen Russland in Europa und gegen China in Asien, zu gewinnen. Das war bereits 2019 die Befürchtung von amerikanischen Verteidigungsbeamten und Militäranalysten. In Planspielen der Rand Corporation, des größten und renommiertesten amerikanischen Think-Tanks, in denen Großmachtkonflikte simuliert wurden, wäre in einer gleichzeitigen Auseinandersetzung mit Russland und China eine Niederlage für die USA vorprogrammiert.[35]

Insofern ist durchaus denkbar, dass sich die amerikanische Russland-Politik in Zukunft wandelt und damit die Europäer erneut vor Probleme stellt – allerdings vor völlig anders geartete. Analog zum machtpolitischen Kalkül des damaligen US-Sicherheitsberaters Henry Kissinger, der Präsident Nixon nahelegte, die Verbindung mit dem damals schwächeren China zu suchen, um die mächtigere Sowjetunion einzudämmen, könnte es heute ratsam sein, Russland zu umgarnen, um dem aufsteigenden und für die USA immer bedrohlicher werdenden China zu begegnen.[36] So fordert etwa Charles Kupchan, der am Council on Foreign Relations außenpolitische Ideen schmiedet und als Professor an der Georgetown University lehrt, eine Kurskorrektur von der Biden-Regierung. Anstatt Russland und China mit einer moralisierenden Wertepolitik zusammenzudrängen, sollten US-Präsident Biden und seine europäischen Verbündeten ganz pragmatisch versuchen, Russland nach Westen zu locken. Bidens Offenheit für ein Sommertreffen (im Juni 2021) mit Putin sei ein erster Schritt in die richtige Richtung gewesen. Obwohl es nicht einfach werden dürfte, haben die USA laut Kupchan «eine beeindruckende Bilanz» auch mit «unappetitlichen Regimen» eine gemeinsame Basis zu finden.[37]

Der Geopolitiker Putin, der ebenso daran interessiert ist, Chinas raumgreifende Aktivitäten einzudämmen, könnte von Washingtons Geostrategen weitere Anreize erhalten, indem etwa «westliche» Sanktionen wieder gelockert werden, um russisches Wohlverhalten in anderen, für Amerika wichtigeren Regionen zu erwirken. Europa insgesamt könnte so eine Erfahrung machen, mit der die osteuropäischen Staaten historisch bereits vertraut sind, nämlich dass die eigenen Interessen einem «Deal» größerer Mächte geopfert werden. Sollte Donald Trump erneut ins Weiße Haus einziehen, würde diese Gefahr noch größer werden.

Bestand die Herausforderung europäischer Russlandpolitik bislang darin, den strategischen Baustein «Wandel durch Annäherung» auch ohne bzw. gegen Washington anzuwenden, so könnte sich das Problem in Zukunft verschieben, hin zu der Frage, wie sich eine glaubwürdige Abschreckung ohne Washington aufrechterhalten lässt. Um Europas Sicherheit und Zusammenhalt strategisch zu gewährleisten, gilt es bereits heute vorauszudenken und dementsprechend mutig zu handeln. Vertrauen in andere ist gut, eigene Verteidigungsfähigkeit ist besser, könnte eine für Europas Staaten zeitgemäße Abwandlung eines russischen Sprichwortes lauten. Es ist höchste Zeit, dass sich die Europäer neben vertrauensbildenden Maßnahmen gegenüber Russland auch über eigene, von den USA unabhängige militärische Fähigkeiten Gedanken machen – im konventionellen wie im nuklearen Bereich –, auch um möglichen Erpressungsversuchen oder gar Aggressionen der russischen Führung vorzubeugen.

Das Konzept der Abschreckung ist durchaus vereinbar mit den Prinzipien einer wehrhaften liberalen Demokratie. So beschreibt Lawrence Freedman vom King's College London, der Doyen der Abschreckungsforschung, die «inhärente normative Anziehungskraft» dieses Verteidigungskonzeptes: «Wenn ein Staat eine Abschreckungsstrategie wählt, signalisiert er, dass er keinen Kampf anstrebt, aber dennoch einige Interessen für so wichtig hält, dass sie es wert sind, dafür zu kämpfen. Es ist eine defensive Absicht ohne Schwäche. Sie versucht, Aggressionen zu verhindern, während sie nicht aggressiv ist. Sie unterstützt den Status quo, anstatt ihn zu stören.»[38]

Schon seit Längerem ist fraglich, ob Amerikas «erweiterte nukleare Abschreckung» und das zugrunde liegende Sicherheitsversprechen überhaupt glaubwürdig sind und im Ernstfall eingelöst würden. Selbst amerikanische Sicherheitsexperten bezweifeln – und dies nicht erst seit Trumps Amtszeit –, ob ein US-Präsident wirklich bereit wäre, wegen der Sicherheitszusage gegenüber weit entfernten europäischen Staaten die Zerstörung einer amerikanischen Millionenstadt durch russische Langstreckenraketen zu riskieren.[39]

Dass die Europäer durchaus die Voraussetzungen dafür hätten, sich selbst zu verteidigen, belegt die Tatsache, dass die EU-Mitgliedstaaten zusammen fast dreimal so viel wie Russland für Verteidigung ausgeben. Allein Frankreich und Deutschland wenden zusammen rund zwei Drittel mehr für Rüstung auf als Russland.[40] Es geht also nicht darum, sehr viel höhere Verteidigungsausgaben vorzusehen, sondern effizienter zu investieren, um die nötigen Fähigkeiten zu entwickeln, indem man etwa im europäischen Rahmen Waffensysteme gemeinsam einkauft und weiterentwickelt. So hatte bereits eine von der Münchner Sicherheitskonferenz 2013 in Auftrag gegebene McKinsey-Studie die jährlichen Kosten bisheriger Ineffizienzen auf 13 Milliarden Euro beziffert, was ein Drittel der damaligen Ausgaben für die europäische Rüstungsbeschaffung ausmachte.[41] Durch «pooling & sharing» ihrer Fähigkeiten könnten die Europäer auch ihrer Diplomatie mehr Gewicht verleihen. Denn, so die Erfahrung des langjährigen Diplomaten und Vorsitzenden der Münchner Sicherheitskonferenz, Wolfgang Ischinger: «Diplomatie bleibt heiße Luft ohne militärische Fähigkeit.»[42] Auf diese Weise, so stellen die Sicherheitsexperten Bastian Giegerich und Maximilian Terhalle vom IISS fest, könnten die europäischen Staaten «das Risiko minimieren, dass Moskau und Washington einen Deal aushandeln, bei dem die Europäer den primären Preis zahlen».[43]

## Gleiche Interessen?
## Die USA und Europa

Wenn ein US-Präsident wichtige außenpolitische Initiativen ankündigt, dann spricht er meist von «the US and its allies», den USA und ihren Verbündeten. Das klingt zwar einerseits nach Partnerschaft und Kooperation, macht andererseits aber auch zweifelsfrei klar, wer Koch und wer Kellner ist, wer die Richtung vorgibt und wer sich im Gefolge einreiht. Trumps erster Verteidigungsminister, James Mattis, sagte bei seiner Anhörung vor dem Streitkräfteausschuss des Senats: «Die Geschichte zeigt eindeutig: Nationen mit starken Verbündeten florieren, und diejenigen ohne starke Verbündete vergehen.»[1] Damit gehörte er zwar in der Regierung Trump zu den Internationalisten, doch wer diesen Satz etwas tiefer gehender interpretiert, merkt schnell, dass die Rolle der Verbündeten hier darin besteht, den Interessen der USA zu nützen.

Dies ist so lange auch für die Verbündeten attraktiv, wie die USA sich auf die Erhaltung einer liberalen internationalen Ordnung und ihrer Institutionen konzentrieren, den Freihandel garantieren, sich um Sicherheit und Stabilität kümmern und dafür sorgen, dass sich alle Staaten an das Völkerrecht halten. Doch die Realität sieht eben, wie schon beschrieben, anders aus. Die strategischen und wirtschaftlichen Interessen ihrer europäischen Verbündeten stimmen inzwischen in einer ganzen Reihe von Bereichen nicht mehr mit denen der amerikanischen Führungsmacht überein. Und wenn es zum Konflikt kommt, wird den Europäern ihre sicherheitspolitische Ohnmacht in letzter Zeit mehr als deutlich vor Augen geführt, zuletzt etwa in der eiskalten Ausbootung der Franzosen beim U-Boot-Deal mit Australien. Wenn es um die eigenen Wirtschafts- und Sicherheitsinteressen im Indo-Pazifik geht, sind die USA sogar bereit, «extrem vertrauliche» Technologie zu teilen, damit Australien erstmals U-Boote mit Nuklearantrieb erwerben kann.

### Nuklearstreit mit Iran und Europa

Vor diesem Hintergrund könnte der auch mit den Europäern vom Zaun gebrochene Streit um das Atomabkommen mit dem Iran um so mehr Brisanz erhalten, sollte der Iran künftig auch Pläne für nukleargetriebene U-Boote hegen. Bereits ohne diese weitere Verdeutlichung von Washingtons Doppelstandards in Nuklearfragen war der Interessenausgleich mit Teheran eine Herkulesaufgabe. Nach schwierigen Verhandlungen wurde das Atomabkommen mit dem Iran im Jahr 2015 unter Präsident Obama geschlossen. Der Iran akzeptierte darin eine starke Beschränkung seiner nuklearen Aktivitäten und wirksame Kontrollen durch die internationale Atomenergiebehörde (IAEA). Im Gegenzug wurde ihm die Lieferung von Brennstäben mit angereichertem Uran für sein ziviles Atomprogramm garantiert, und es wurde versprochen, die Wirtschaftssanktionen aufzuheben.

Anschließend begannen die Wirtschaftsvertreter westlicher Länder, um die besten Investitionsmöglichkeiten im Iran zu buhlen. So erwartete der Bundesverband der Deutschen Industrie (BDI) Geschäftsvorteile für deutsche Unternehmen. «Insbesondere die Modernisierung der Ölindustrie eröffnet große Marktchancen für deutsche Maschinen- und Anlagenbauer», sagte der damalige BDI-Präsident Ulrich Grillo.[2] Experten bezifferten den Investitionsbedarf im Ölsektor auf über 200 Milliarden Dollar. Ebenso witterten Automobil- und Flugzeughersteller das große Geschäft in traditionell von europäischen

Firmen dominierten Märkten. Allein die staatliche Zivilluft-
fahrtorganisation Irans stellte Investitionen in Höhe von knapp
acht Milliarden Dollar in Aussicht, um die veraltete zivile Flug-
zeugflotte zu erneuern. In der nächsten Dekade wollten irani-
sche Fluggesellschaften mehr als 300 Flugzeuge kaufen.[3]

Doch das Bemühen Obamas um eine kooperative Lösung
mit dem Iran wurde von seinen innenpolitischen Gegnern
scharf kritisiert und auch die regionalen Konkurrenten des Iran,
allen voran Saudi-Arabien und Israel, mobilisierten gegen das
Abkommen. Vor diesem Hintergrund machte Donald Trump
sein Wahlversprechen wahr und kündigte es am 8. Mai 2018
einseitig auf, und das, obwohl der Iran seine Verpflichtungen
einhielt – was von der IAEA mehrfach bestätigt wurde. Gleichzeitig verschärfte Trump den wirtschaftlichen Druck und be-
drohte auch die europäischen Firmen, die mit dem Iran Geschäfte machten, mit Sekundär-Sanktionen. Im Umfeld seiner
Administration wurde indes eifrig über einen Regime-Change
in Teheran spekuliert.

Die europäischen Vertragsparteien – Deutschland, Frankreich
und Großbritannien – waren mit diesem Vorgehen nicht einver-
standen und wollten an dem Atomabkommen festhalten. Sie
versuchten, mittels der am 29. Januar 2019 gegründeten Zweck-
gesellschaft INSTEX (Instrument in Support of Trade Exchan-
ges), die US-Sanktionen zu umgehen und den Zahlungsverkehr
für Iran-Geschäfte aufrechtzuerhalten. Doch INSTEX erwies
sich als wirkungslos. Europa kann dem geo-ökonomischen Druck
der USA nicht standhalten, weil auch europäische Firmen wissen, wo der größere Markt ist: nicht im Iran, sondern in den
USA. Wer in den Vereinigten Staaten Geschäfte machen oder
Geschäfte über den Dollar abwickeln will, muss sich wohl oder
übel der Wirtschafts- und Militärmacht USA beugen. Enttäuscht
von den Europäern versucht der Iran nunmehr mit seiner «Look
to the East»-Strategie Alternativen in Asien zu finden und Wirt-
schaftsbeziehungen zu dort führenden Mächten auszubauen.

Der Bruch des Atomabkommens durch die USA war ein schwerer Fehler. Er verspielte vielleicht sogar die Möglichkeit, Iran ohne einen Krieg davon abzuhalten, sich Atomwaffen zu verschaffen und damit die regionale Kräfteverteilung nachhaltig zu verschieben – das wird die Zukunft zeigen. Im Effekt ist die Region jedenfalls sehr viel unsicherer geworden und das ohne jede Not, da sich der Iran nachweislich an das Abkommen hielt. Dass dadurch auch im Inneren die iranischen Hardliner gestärkt wurden und die Reformer an Einfluss verloren, steht noch einmal auf einem anderen Blatt. Die Europäer wussten es besser, aber sie hatten keinerlei Möglichkeit, Washington von seinem Vorhaben abzubringen. Kommt es zu ernsthaften Interessenkonflikten mit der westlichen Führungsmacht, steht Europa strategisch vollkommen blank da, das ist die beunruhigende Erkenntnis aus dem Konflikt um das Atomabkommen.

### Der Preis der Abhängigkeit

Unter Donald Trump wurde unübersehbar, dass in den Augen amerikanischer Sicherheitsstrategen die Europäische Union nicht nur als wirtschaftlicher Konkurrent, sondern auch als geostrategischer Rivale betrachtet werden kann. Zwar war der aggressive Ton, den Trump und seine Regierungsvertreter auf offener Bühne anschlugen, neu, aber nicht das Verhalten und die zugrunde liegende Haltung: Schon die NSA-Affäre während der Obama-Regierung hatte gezeigt, dass die National Security Agency (NSA), der größte der zahlreichen Auslandsgeheimdienste der Vereinigten Staaten, nicht nur die Bundeskanzlerin, sondern auch europäische Beratungs- und Entscheidungsinstanzen ausspionierte. Während in Obamas Amtszeit bereits Handlungen ans Licht der Öffentlichkeit gekommen waren, die sich «unter Freunden» nicht gehören, fügte Trump eine angesichts seiner Europa gegenüber feindlichen Haltung folgerichtige Drohung hinzu: den Rückzug der USA aus der NATO, die das Ende der westlichen Allianz bedeuten würde.

Diese Gefahr scheint zwar unter der neuen Regierung vorerst gebannt. Doch das Verhältnis zwischen Europa und den USA wird nicht nur von den innenpolitischen Entwicklungen in den USA beeinflusst, die Trump erneut ins Amt befördern könnten, sondern auch von der neuen weltpolitischen Lage. In dem Maße, in dem sich die USA auf einen größeren und fähigeren Gegner, namentlich China, in Asien einstellen, werden sie weniger Ressourcen zur Verfügung haben, Europa gegen eine mögliche russische Aggression zu verteidigen. «Das anhaltende Wachstum der chinesischen Streitkräfte wird dieses strategische Dilemma noch akuter und Washingtons Garantie für die europäische Sicherheit weniger glaubwürdig machen», warnen auch vorausdenkende deutsche Sicherheitsexperten der Londoner Denkfabrik IISS.[4] Und es ist davon auszugehen, dass die USA stärker als bislang versuchen werden, die militärische Abhängigkeit ihrer Verbündeten umzumünzen in eine Unterstützung der geo-ökonomischen Interessen der USA.

Die Europäer, insbesondere Deutschland, werden es in Zukunft also eher schwerer haben, ihre wirtschafts-, handels- und währungspolitischen Interessen gegenüber ihrer «Schutzmacht» zu wahren, insbesondere dann, wenn es um China geht. In der Rangliste der wichtigsten Handelspartner Deutschlands hat China die USA bereits hinter sich gelassen.[5] Dementsprechend unwirsch reagierten die Vertreter der damals noch nicht einmal amtierenden Biden-Regierung auf die unter der deutschen EU-Ratspräsidentschaft Ende 2020 ausgehandelte Grundsatzeinigung auf ein Investitionsabkommen der Europäer mit China und drängen seitdem die einzelnen europäischen Staaten, davon wieder Abstand zu nehmen.[6] Doch auch in anderen Bereichen verfolgen die USA schon seit Längerem ihre Interessen oftmals ohne Rücksicht auf die europäischen Verbündeten.

Solange sich die USA nach dem Sieg über den Systemrivalen

Sowjetunion für ein knappes Vierteljahrhundert als die unange-
fochtene Nummer Eins wähnten, war die Welt für Washingtons
Strategieplaner noch in Ordnung. Auf dem vermeintlichen Hö-
hepunkt ihrer Macht wurde den USA jedoch am 11. September
2001 aus buchstäblich blauem Himmel vor laufenden Fernseh-
kameras ihre Ohnmacht und Verwundbarkeit demonstriert.
Mit den Zwillingstürmen des World Trade Centers ist auch
Amerikas Sicherheitsgefühl zusammengebrochen. Die Konti-
nentalmacht fühlte sich fortan nicht mehr durch die großen
Ozeane geschützt und versuchte durch umso energischeres
Handeln im Ausland wieder mehr Sicherheit zu erlangen. Auf
die Terrorangriffe auf das amerikanische «Homeland» reagierten die Vereinigten Staaten, indem sie die Gefahr zu externali-
sieren, sprich möglichst weit weg vom eigenen Land zu halten
suchten. Im globalen «Krieg gegen den Terror» führten US-
Präsident George W. Bush und seine Exekutive zunächst militärische Mittel ins Feld, aber im wirtschaftlichen Bereich kam es
ebenfalls zu massiven Grenzverschiebungen, die auch auf Kosten der Alliierten gingen.

### Grenzverschiebungen zulasten von Europas Souveränität

Die Anschläge vom 11. September 2001 verursachten in
den USA ein enormes Sicherheitsbedürfnis und eröffneten deshalb dem damaligen US-Präsidenten und Oberbefehlshaber
George W. Bush einen umfangreichen Handlungsspielraum.[7]
Um die Sicherheitsvorstellungen der Bush-Administration in
die Tat umzusetzen, wurde bereits 2002 das U. S. Department of
Homeland Security (DHS) geschaffen. Eine Vielzahl von Ein-
heiten aus anderen Ministerien wurde in dieses neue Heimatschutzministerium integriert, zwei Dutzend Bundesbehörden
mit etwa 180 000 Bediensteten und einem jährlichen Budget von
40 Milliarden Dollar darin zusammengefasst.

Unter anderem wurden dabei auch die Kompetenzen zwischen Heimatschutz- und Außenministerium neu verteilt. Das State Department ist durch das Amt für Konsularische Angelegenheiten weiterhin für die Visa-Erteilung zuständig. Sache des Heimatschutzministeriums ist es jedoch, Richtlinien für die Visa-Vergabe zu erlassen und deren Umsetzung zu kontrollieren, indem es eigene Mitarbeiter in die Konsulate und Botschaften entsendet. Damit wurde de facto die Verantwortung für die Visa-Vergabe vor Ort wie auch die Überprüfung der späteren Einreise in die USA (durch die Zoll- und Grenzschutzbehörde) dem Heimatschutzministerium übertragen.

Damit verbunden waren Beschränkungen im Personen- und Warenverkehr. Vor allem Grenz- und Transportsicherungsmaßnahmen des Heimatschutzministeriums haben seitdem Irritationen im transatlantischen und innereuropäischen Verhältnis verursacht. Im Interesse des amerikanischen Heimatschutzes sehen sich andere Nationen mit der Forderung konfrontiert, den amerikanischen Sicherheitsbedürfnissen und -maßnahmen Tribut zu zollen. Die Staaten diesseits des Atlantiks haben vor allem Anstoß genommen an der Einschränkung der Reisefreiheit, an der Handhabung des Datenschutzes, an Eingriffen der USA in die politische Kompetenzverteilung Europas und an Verzerrungen des wirtschaftlichen Wettbewerbs mit und innerhalb der Europäischen Union. Zudem versuchen die USA, die Kosten der nationalen Sicherheitsmaßnahmen auf andere Länder abzuwälzen, vor allem jene Kosten, die bei Inspektionen in ausländischen, aber auch inländischen Flug- und Seehäfen anfallen. Ebenso bleibt die Entwicklung und Vereinbarung international gültiger Sicherheits- und Technologiestandards (unter anderem bei der Erfassung biometrischer Daten) nicht zuletzt wegen divergierender handels- und industriepolitischer Interessen umstritten.

Die politische Kontrolle von Informations- und Handelsströmen und die damit verbundenen Grenzüberschreitungen

und Eingriffe in die nationale Souveränität anderer Staaten werden in Washington als Schutzmaßnahme begründet. Die «Nationale Heimatschutzstrategie» der USA[8] unterscheidet mehrere Schutzräume und -schichten. Den innersten Raum bildet
das «Heimatland», womit hier die amerikanische Bevölkerung
und wichtige Infrastruktureinrichtungen gemeint sind. Doch
die nationale Sicherheitsgrenze soll so weit wie möglich «nach
außen verlagert» werden, um das Heimatland «pro-aktiv» zu
schützen. Vor seinem ersten Europabesuch im Frühjahr 2005
präsentierte der damalige US-Heimatschutzminister Michael
Chertoff in diesem Sinne die Idee einer «globalen Sicherheits-
Ummantelung» («global security envelope») und sprach von
Sicherheitskorridoren, innerhalb derer sich künftig weltweit
Personen und Güter frei und sicher bewegen können sollen.[9]

Amerikas Wirtschaft ist auf offene, vor allem maritime Handelswege angewiesen: Etwa 90 Prozent aller Warenimporte gelangen über Container in die USA.[10] Um die USA vor Gefähr-
dungen zu schützen, rief die amerikanische Zollbehörde bereits
im Januar 2002 die Container-Sicherheits-Initiative (Container
Security Initiative, CSI) ins Leben. Amerikanische Behörden
implementierten dieses Programm nahezu weltweit, indem
sie bilaterale Übereinkünfte unter anderem mit europäischen
Hafenstaaten wie Belgien, Deutschland, Frankreich, Großbritannien, Italien, den Niederlanden, Schweden und Spanien tra-
fen. Die teilnehmenden Länder haben sich verpflichtet, die erforderlichen Sicherheitssysteme zu installieren, und sie gestatten
seitdem amerikanischem Sicherheitspersonal, in ihren Häfen
Kontrollen durchzuführen. Im Gegenzug lassen die zuständi-
gen US-Behörden Gütertransporte aus diesen Ländern schneller die Sicherheitskontrollen in US-Häfen passieren, sodass die
Güter rascher zu den Kunden gelangen. Das bedeutet einen
Kosten- und damit Wettbewerbsvorteil gegenüber nicht einbe-
zogenen Häfen bzw. nicht kooperierenden Ländern.

Die EU-Kommission verwahrte sich zunächst gegen die

amerikanische Container-Sicherheits-Initiative, weil die bevorzugte Behandlung einzelner Staaten auch zu Wettbewerbsverzerrungen innerhalb der EU führte. Erst im März 2004 wurden der transatlantische, aber auch der innereuropäische Konflikt entschärft. Die EU-Kommission erwirkte von den Mitgliedstaaten ein Verhandlungsmandat und integrierte die bisher bilateral mit den Einzelstaaten vereinbarten Abkommen in eine umfassendere US-EU-Vereinbarung. Das Gegenseitigkeitsprinzip des Abkommens verlangt nunmehr auch den USA ab, in ihren Häfen jene Sicherheitsstandards einzuhalten, die sie den Handelspartnern auferlegt haben. Doch die dazu nötigen Kosten werden nach wie vor auf die Alliierten abgewälzt.

Vor diesem Hintergrund forderte Frankreichs Präsident Macron 2020 in einer sicherheitspolitischen Grundsatzrede an der École de Guerre, dass Europa seine maritime, Energie- und Digital-Infrastruktur selbst kontrollieren und auch souverän jene Standards festlegen sollte, die europäischen Unternehmen auferlegt werden. Für Macron sind Standardsetzung und eine strategische Infrastrukturpolitik von wesentlicher Bedeutung für Europas kollektive Sicherheit und Handlungsfähigkeit.[11] Vor allem Unabhängigkeit im Technologiesektor bilde «den Kern unserer Souveränität» und der «Fähigkeit, autonom zu handeln». Um die technologische Unabhängigkeit Europas und seine Fähigkeit zu stärken, künftige strategische Veränderungen zu antizipieren, sei eine autonome und wettbewerbsfähige industrielle Basis vonnöten. Dazu brauche es auf europäischer Ebene massive Innovationsanstrengungen sowie die Kontrolle unserer Sicherheitstechnologien und Verteidigungsexporte. Voraussetzung für diese «Instrumente gemeinsamer Souveränität» sei neben Investitionen auch eine «gemeinsame strategische Kultur». Denn bislang habe die Unfähigkeit der Europäer, über ihre souveränen Interessen gemeinsam nachzudenken und zusammenzuarbeiten, anderen Mächten die Möglichkeit gegeben, Europa zu spalten und zu schwächen.[12]

## Amerikas Kontrolle von «Räumen»

Europäische Beobachter haben gerade erst angefangen zu begreifen, dass die amerikanische Sicherheitsindustrie mittlerweile nicht nur die amerikanische Demokratie, sondern auch die freiheitlichen Grundordnungen der Gesellschaften und Volkswirtschaften «befreundeter» Länder bedroht, die zu der in Festreden gerne bemühten «westlichen Wertegemeinschaft» zählen.

Dies zu verstehen, fällt vielen Europäern, insbesondere den meisten Deutschen älterer Generationen, schwer. Denn in der oft auch verklärten europäischen Erinnerung überwiegt die Dankbarkeit dafür, dass die USA zwei von Deutschland verursachte desaströse Weltkriege beendeten und auch im anschließenden Kalten Krieg als «Schutzmacht» gegen die sowjetische Bedrohung fungierten. Doch genau damit wurde – in dialektischer Weise – eine Gefahr für Amerika selbst und die Welt geschaffen: nämlich der militärisch-industrielle Komplex der USA.

Schon 1961 hat US-Präsident Dwight D. Eisenhower, selbst ein ehemaliger Generalstabschef der Armee, in seiner letzten Fernsehansprache an die Nation vor ihm gewarnt: «Wir müssen dem Erwerb unberechtigten Einflusses des militärisch-industriellen Komplexes vorbeugen», denn «die Möglichkeit besteht und wird bestehen bleiben, dass diese unangebrachte Macht sich erhebt. Wir dürfen nie zulassen, dass das Gewicht dieser Verbindung unsere Freiheiten oder demokratischen Verfahren gefährdet.»[13]

In weiser Voraussicht wandte sich Eisenhower auch gegen künftige massive Militärausgaben, die auf Kredit finanziert werden. Die gescheiterten Versuche, die Rüstungsausgaben in den USA umfassend zu reduzieren, sind Legion. Wer die symbiotischen Dreiecksbeziehungen, das «eiserne Dreieck» zwischen den betroffenen Bereichen der Exekutive, der Rüstungslobby und den federführenden Ausschüssen im Kongress kennt, muss skeptisch sein, ob es je gelingen wird, nachhaltig eine sogenannte Friedensdividende einzustreichen, also die massiven Militärausgaben der USA zurückzufahren und stattdessen frei werdende Mittel für drängende soziale Aufgaben zu nutzen.

Im Kalten Krieg konnten die USA das Wettrüsten gegen die Sowjetunion für sich entscheiden, nicht zuletzt wegen der Rüstungsoffensive Ronald Reagans in den 1980er-Jahren. Nach dem Zerfall der Sowjetunion wurde der Verteidigungsetat zwar wieder etwas zurückgefahren. Doch die Friedensdividende währte nicht lange. Nach den Terroranschlägen vom 11. September 2001 wurde der Militärhaushalt im Vergleich zu den späten 1990er-Jahren fast verdoppelt.[14] Sie veranlassten Präsident George W. Bush, seine noch im Wahlkampf angekündigte «humble foreign policy» (bescheidene und zurückhaltende Außenpolitik) auf eine revolutionäre Außenpolitik umzustellen.[15] Trotz anderslautender «Change»-Versprechen im Wahlkampf führte auch sein Nachfolger Barack Obama den «Globalen Krieg gegen den Terror» mit geheimdienstlichen und militärischen Mitteln weiter, wobei die Grenzen zwischen beiden Bereichen nicht nur personell, sondern auch operativ im sogenannten «Graubereich» zwischen Krieg und Frieden verwischt wurden.

Insgesamt 52,6 Milliarden Dollar erhielt allein die «intelligence community» im Haushaltsjahr 2013. Davon bekamen die Central Intelligence Agency (CIA), die National Security Agency (NSA) und das National Reconnaissance Office (NRO) mit mehr als zwei Dritteln des Gesamtbudgets den Löwenanteil. Von den über 107 000 Mitarbeitern des insgesamt 16 Bundesbehörden umfassenden Gesamtapparats sind etwa 20 Prozent in militärischen Funktionen tätig (etwa zwei Drittel davon bei der NSA), der Großteil ist jedoch mit «zivilen» Aufgaben betraut.[16] Noch mehr geben die USA für richtiges Militär aus. Mit einem Militärbudget von 778 Milliarden Dollar leisten sich

die USA heute nach wie vor das mit Abstand teuerste und hoch-
gerüstetste Militär der Welt. Im Jahr 2020 gab die Weltmacht in
etwa so viel für ihr Militär aus wie die folgenden zwölf Länder
zusammen. Gegenüber den knapp 40 Prozent der weltweiten
Militärausgaben, die auf das Konto der USA gehen, nehmen
sich die Anteile der vermeintlichen Herausforderer China und
Russland mit 252 Milliarden (13 Prozent) bzw. 62 Milliarden
(3 Prozent) eher bescheiden aus.[17]

Gleichwohl befürchtet Washington, dass die USA gegenüber
ihren «strategischen Rivalen» ins Hintertreffen geraten könnten. Schon seit Längerem treibt amerikanische Geostrategen die
Sorge um, dass China, das nunmehr schon seit 26 Jahren un-
unterbrochen seine Militärausgaben erhöht hat,[18] den Abstand
verringern könnte. Dank neuer Technologien, so fürchtet man,
könnte das Reich der Mitte den USA den Zugang zum Süd-
chinesischen Meer verwehren (im Militärcode heißt das: «Area
Denial» und «Anti-Access») und die Vormachtstellung der
USA in Asien herausfordern. Um Amerikas technologische
Überlegenheit zu wahren, läutete bereits George W. Bushs Verteidigungsminister Donald Rumsfeld eine Transformation des
Militärs ein, die darin besteht, den personellen Umfang und die
damit verbundenen Kosten der Streitkräfte zu reduzieren und
dafür in moderne Technologie zu investieren. Unbemannte
(autonome) Systeme sowie Cyber- und Weltraumtechnologien
sollen es den USA ermöglichen, kostengünstiger «Räume» zu
kontrollieren.[19] Der Druck gestiegener Personalkosten und die
seinerzeit noch drohenden Etatkürzungen verstärkten diesen
Trend. Nachdem die Ausgaben in der Folge der Wirtschafts-
und Finanzkrise 2007/08, zwischen 2010 und 2017, während
der Amtszeit Barack Obamas, etwas zurückgefahren werden
mussten, ermöglichte die zwischenzeitliche wirtschaftliche Er-
holung US-Präsident Trump eine weitere Rüstungsoffensive.
2020 war das dritte Jahr in Folge mit einem merklichen Wachstum der US-Militärausgaben. Vor allem wurden Investitionen

in Forschung und Entwicklung getätigt, die Modernisierung des US-Atomwaffenarsenals sowie mehrere langfristige Beschaffungsprojekte in Angriff genommen.[20]

## Rückkehr des geliebten Feindes

Ein klares Feindbild oder zumindest ein Lagebild mit vielfältigen strategischen Bedrohungen hilft bei der politischen Legitimierung der Finanzierung einer solchen Wehrhaftigkeit und sichert die für die amerikanische Wirtschaft wichtige Rüstungsindustrie. Der US-Diplomat und Historiker George Kennan, einer der «weisen Männer» seiner Zeit, warnte 1987 im Vorwort des von Norman Cousin verfassten Buchs *The Pathology of Power*: «Würde die Sowjetunion morgen in den Wassern der Ozeane untergehen, dann müsste der amerikanische militärisch-industrielle Komplex mehr oder weniger bestehen bleiben, bis irgendein anderer Feind erfunden werden könnte. Alles andere wäre ein unakzeptabler Schock für die amerikanische Wirtschaft.»[21] Jemand muss also aktuell wieder an die Stelle der Sowjets oder Bin Ladens treten – auch um die enormen Aufwendungen für Militär, Heimatschutz und Geheimdienstapparate politisch zu rechtfertigen. Es sieht so aus, als ob China auf bestem Wege ist, in diese «manichäische Falle» zu geraten.[22]

Ein äußerer Feind hat im Laufe der amerikanischen Geschichte auch immer wieder dazu gedient, die Heimatfront zu festigen, im Namen der nationalen Sicherheit die Machtfülle des Präsidenten auszuweiten, persönliche Freiheitsrechte einzuschränken sowie von inneren Konflikten abzulenken, die sich an sozioökonomischer Ungleichheit entzündeten. Die Wahrnehmung äußerer Bedrohung ermöglicht es zum einen, von den massiven inneren sozialen Problemen wie Rassismus, ungleichen Bildungschancen, Armut, Kriminalität und Drogenkonsum abzulenken, die viele Amerikaner daran hindern, am sozialen, wirtschaftlichen und politischen Leben teilzuhaben und gegen die Ungerechtigkeit des Wirtschafts- und Regierungssystems aufzubegehren. Zum anderen rechtfertigt ein klares Feindbild, weniger Steuergelder für soziale Zwecke und mehr für den militärischen und geheimdienstlichen Sicherheitskomplex auszugeben.

Es ist bemerkenswert, dass auch der neue Amtsinhaber im Weißen Haus, Joe Biden, in seiner ersten Rede zur Lage der Nation,[23] die er zuvorderst den drängenden innenpolitischen Problemen widmete, immer wieder auf China zu sprechen kam. So müsse Amerika etwa seine Bildungsanstrengungen erhöhen oder marode Infrastruktur deswegen verbessern, damit China im Wettbewerb des 21. Jahrhunderts die USA nicht überhole. Um die bei grundlegenden innenpolitischen Fragen enormen parteipolitischen Differenzen zu überwinden, bemüht Biden einen äußeren Feind. Denn so abgrundtief die am 6. Januar 2021 durch den Angriff auf das Kapitol deutlich gewordenen politischen Schützengräben in den USA auch sein mögen, in einer Hinsicht sind sich die beiden Lager einig: in der mittlerweile parteiübergreifenden Animosität gegenüber China. Die Amerikaner müssten nunmehr zusammenstehen, denn autokratische Regime wie China seien fest entschlossen, die Schwächen der USA, etwa die «existenzielle Krise» der amerikanischen Demokratie, auszunutzen, warnte auch Präsident Biden.

Wenn Gefahr in Verzug ist, kann der in seiner Handlungsfreiheit bei sozial- und wirtschaftspolitischen Fragen massiv eingeschränkte Präsident in der Sicherheitspolitik seine Machtbefugnisse ausweiten und die Kontrolle der Exekutive durch den Kongress aushebeln, die eigentlich die persönliche Freiheit der US-Bürger sichern soll. Persönliche Freiheitsrechte von Ausländern, aber auch jene von Amerikanern, werden bis auf Weiteres der nationalen Sicherheit untergeordnet. Insofern geht im militärisch mächtigsten Land der Welt nicht alle Macht, sondern immer mehr Ohnmacht vom Volke aus.

Das heißt indes nicht, dass im Sinne der marxistischen Lehr-
meinung ein kapitalistisches System unweigerlich zu kriegeri-
schem und imperialistischem Handeln führt. Doch wenn der
Kapitalismus ungezügelt bleibt, wenn im Inneren Gewalten-
kontrolle versagt, dann sind auch eine noch so freie Wirtschaft
und eine Demokratie nicht davor gefeit, Gewalt nach außen anzuwenden. Insbesondere dann, wenn Gewalt privatisiert und
von privaten Unternehmen ausgeübt wird, und neue Technologien die Kriegsführung revolutionieren, ja den Krieg weiter ent-
menschlichen. Wenngleich nach den hohen menschlichen und
finanziellen Kosten der Kriege in Afghanistan und im Irak die
US-Bevölkerung kriegsmüde geworden ist, haben die USA bereits unter der Obama/Biden-Regierung den «Globalen Krieg
gegen den Terror» mithilfe neuer Technologien ausgeweitet:
Ferngesteuerte (unbemannte) Flugsysteme können zur Aufklärung und Überwachung eingesetzt werden. Mit Raketen bestückt können diese Drohnen bei Bedarf auch in Kampfeinsät-
zen verwendet werden. Die Vorzüge von Drohnen sind enorm:
weniger Kosten (auch politische), weniger Transparenz und
weniger Gefahr für die eigenen Soldaten. Das amerikanische
Verteidigungsministerium will bis 2038 sogar «vollautomati-
sierte» oder «autonome» Waffensysteme entwickeln.[24] Am
Ende wird diesen Waffen und Kampfrobotern wohl auch die
Hoffnung zum Opfer fallen, dass Demokratien für Kriege nur
schwer zu gewinnen sind, da der Blutzoll der eigenen Soldaten
(oder der Zivilbevölkerung) und die finanziellen Belastungen
sowie eine kritische öffentliche und veröffentlichte Meinung sie
davor zurückschrecken lassen – so auch die eindringliche Warnung namhafter Wissenschaftler.[25]

Auch durch ihre Bündnispolitik und ihre Wirtschafts- und
Militärhilfen unterstützen die USA ihre Militärindustrie. So
erhalten Israel und Ägypten jedes Jahr Milliardenbeträge an
Auslandshilfen von den USA, mit denen sie freilich zu einem
Gutteil wiederum US-Rüstungsgüter und -dienstleistungen be-

zahlen müssen. In den vergangenen 15 Jahren waren es über 100 Länder, die durch Waffenkäufe in den USA in ihre Sicherheit investiert und damit auch die Geschäfte der amerikanischen Rüstungsindustrie gefördert haben. Militärgüterexporte, zunehmend an autokratische Staaten, sind ein immer wichtiger werdender Aktivposten im Außenhandel der USA. Im Vergleich zum vorherigen Fünfjahreszyklus (von 2011 bis 2015) stiegen die Waffenexporte des ohnehin größten Rüstungsexporteurs USA im jüngsten Zeitraum von 2016 bis 2020 um weitere 15 Prozent. Damit konnten die USA ihren Anteil von 32 auf 37 Prozent der weltweiten Gesamtausfuhren erhöhen.[26] Die USA exportieren damit beinahe doppelt so viele Waffen wie Russland – das mit 20 Prozent Weltmarktanteil der zweitgrößte Exporteur ist. Erst auf den Plätzen drei und vier folgen die beiden rüstungspolitischen «Schwergewichte» Europas, namentlich Frankreich (8 Prozent) und Deutschland (6 Prozent), noch vor China (5 Prozent).[27]

Auch auf dem mit einem Anteil von 15 Prozent an den Gesamtausfuhren aus Sicht Washingtons weiter ausbaufähigen europäischen Markt konnte die US-Rüstungsindustrie jüngst mehr Geschäfte machen und von 2016 bis 2020 im Vergleich zum vorangegangenen Fünfjahreszeitraum einen Anstieg von knapp 80 Prozent verbuchen, was hauptsächlich auf den Verkauf von Kampfflugzeugen an die Europäer zurückzuführen war.[28] Um des Schutzes der USA würdig zu bleiben – so bereits das Verkaufsargument des vorherigen Geschäftsmannes im Weißen Haus –, sollen Europas Staaten, allen voran Deutschland, bis auf weiteres ihre eigenen Militärindustrien vernachlässigen und noch mehr für US-Rüstungsgüter ausgeben und – mit Blick auf künftige Geschäfte – von amerikanischer Technologie abhängig bleiben.

## Emanzipation der «alten Vasallen»

Es waren die Weltkriege des 20. Jahrhunderts, die den Aufstieg der USA zur Weltmacht und die Entmündigung Europas ermöglichten, ja provozierten. Dass der US-amerikanische Präsident Woodrow Wilson am 6. April 1917 dem Deutschen Reich den Krieg erklärte und die USA in der Folge zum ersten Mal auf dem europäischen Kontinent intervenierten, gab nicht nur den Ausschlag im Ersten Weltkrieg, sondern markierte für die ehemalige britische Kolonie auch den entscheidenden Schritt hin zur Weltmacht. Nach einer kurzen isolationistischen Zwischenphase verfestigte sich diese Weltmachtrolle dann im Zweiten Weltkrieg und im Kalten Krieg gegen die Sowjetunion. Auch nach 1989/90 hat Washington eine Politik verfolgt, «die zum Ziel hat, die eigene Machtposition in Europa und im postsowjetischen Raum zu erhalten und auszubauen»,[29] um das Aufkommen eines neuen weltpolitischen Rivalen zu verhindern – und hat damit das sicherheitspolitische Umfeld und den Handlungsspielraum der europäischen Staaten bestimmt. Zbigniew Brzeziński, von 1977 bis 1981 Sicherheitsberater von US-Präsident Jimmy Carter, drückte es etwas weniger diplomatisch aus, als er schrieb, Europa sei «von amerikanischen Vasallen und tributpflichtigen Staaten übersät».[30]

Mittlerweile jedoch beginnen einige der «alten Vasallen», sich etwas zu emanzipieren und schmieden eigene Pläne. Der Prozess der europäischen Integration wurde ursprünglich von Washington wohlwollend begleitet. Doch die in Nizza 2001 eingeführte Europäische Sicherheits- und Verteidigungspolitik (ESVP), die im Lissaboner Vertrag 2007 in Gemeinsame Sicherheits- und Verteidigungspolitik (GSVP) umbenannt wurde, kritisiert Washington, unter anderem, weil die EU damit NATO-Fähigkeiten «dupliziere», also Kapazitäten ein zweites Mal schafft, die es innerhalb der NATO schon gibt, nur eben bislang nicht auf Seiten der europäischen Staaten. 2017 wurde zudem ein Europäischer Verteidigungsfonds (European Defence Fund, EDF) aufgelegt, und die Außen- und Verteidigungsminister von 25 der damals noch 28 EU-Staaten teilten dem Europäischen Rat mit, in der Verteidigung künftig gemeinsame Wege gehen zu wollen. Mit der Ständigen Strukturierten Zusammenarbeit (Permanent Structured Cooperation, kurz PESCO) öffneten sie den Weg dafür, ihre nationalen Streitkräfte unter anderem auch mit gemeinsamen Rüstungsprojekten zu synchronisieren. All dies verstärkte die Befürchtungen in Übersee, dass Europa sich sicherheitspolitisch von der «Schutzmacht» emanzipieren will.

Deshalb könnten die Forderungen der USA nach «Lastenteilung» («burden sharing»), die im Rahmen der NATO nunmehr mit zwei Prozent der Wirtschaftsleistung eines Landes bemessen werden, von Washington nicht beabsichtigte Konsequenzen nach sich ziehen, dann nämlich, wenn die geforderten Aufstockungen Europas militärische und damit auch politische Handlungsfähigkeit – unabhängig von den USA – erhöhen sollten.

Ohnehin könnten die Europäer in Sicherheitsfragen selbstbewusster auftreten, indem sie den Verantwortlichen in Washington aufzeigen, dass sich die USA seit Jahrzehnten nur deshalb ihre exorbitante Rüstung haben leisten können, weil ausländische Kreditgeber bereit gewesen sind, auf eigenen Konsum und eigene Investitionen zu verzichten und dafür die zunehmende Verschuldung privater und staatlicher Haushalte in den USA zu finanzieren. Über lange Zeit waren dies vor allem China und Japan, seit der Finanzkrise 2007/08 vermehrt auch die Golf- und EU-Staaten. Zehn Jahre später, im Jahr 2019, betrug der Kapitalimport der USA immer noch 6244 Milliarden Dollar. Obwohl die Kapitalbilanz von 2000 bis 2018 stark schwankte, ist der Kapitalfluss in die USA tendenziell weiter gestiegen.[31]

In dieser umfassenderen volkswirtschaftlichen Betrachtung gleicht die seit der Obama/Biden-Administration verschärft geäußerte Kritik am Außenhandelsüberschuss Deutschlands und an der mangelnden Bereitschaft, mehr Geld – konkret das NATO-Ziel von zwei Prozent der Wirtschaftsleistung – für (amerikanische) Rüstung auszugeben, einer «Milchjungenrechnung». US-Repräsentanten haben zwar Recht, wenn sie sagen, dass Europa mehr in die USA exportiert als umgekehrt. Doch das amerikanische Außenhandelsdefizit entsteht nicht, weil Europa die USA übervorteilt, sondern vor allem auch wegen der enormen US-Binnenkonsumausgaben, die kreditfinanziert sind. Amerikas niedrige Sparquote und seine exorbitante Verschuldung werden dazu führen, dass die USA auf absehbare Zeit ein Handelsdefizit haben, ja benötigen werden. Dank ihres Konsum- und Investitionsverzichts und ihrer Bereitschaft, in die «tiefen» Märkte der USA zu investieren, tragen die Europäer dazu bei, den USA ihr Leben, Wirtschaften und Rüsten auf Pump zu ermöglichen. Wenn Finanzjournalisten euphemistisch von «tiefen» Märkten reden und damit die «Fähigkeit» Amerikas preisen, sich anders als Europa ohne Ende verschulden zu können, übersehen sie dabei aber, dass es sich einmal mehr um abgrundtiefe Märkte handeln könnte.

Solange die Vereinigten Staaten über ihre Verhältnisse leben, werden sie andere produktions- und exportstarke Länder benötigen und sie auch weiterhin dazu nötigen, deren aus den Exportgeschäften erwirtschafteten Währungsreserven den USA als Kredite zur Finanzierung ihrer Schulden zu geben. Zusätzlich sollen nach dem Ansinnen Washingtons die Europäer dann noch mehr Geld ausgeben für amerikanische Rüstungsgüter und damit militärisch und technologisch abhängig bleiben. Diese Interessenlogik wird besonders deutlich, wenn es um die Ersetzung deutscher Tornado-Kampfjets geht, die von Washington bewusst mit der Machtfrage der sogenannten nuklearen Teilhabe verknüpft wird.

### Nukleare Teilhabe

Seit 1981 haben etwas mehr als 350 Tornado-Mehrzweckkampfflugzeuge ihren Dienst für die Luftwaffe und Marine der Deutschen Bundeswehr geleistet. Nach über vier Dekaden ist ihre Instandhaltung und ihr weiterer Einsatz mit enormen technischen und finanziellen Risiken verbunden. Zum Ende dieser Dekade, spätestens 2035,[32] sollen deshalb die Tornados ersetzt werden, die für konventionelle Kampfeinsätze, aber auch für den Abwurf taktischer US-Atomwaffen im Rahmen des NATO-Bündnisses vorgesehen sind.

Wie andere europäische NATO-Staaten (Belgien, Italien und die Niederlande) beherbergt auch Deutschland mehrere Dutzend dieser US-Atomwaffen, leichte nukleare Freifallbomben (B 61), die von Kampfflugzeugen im Kriegsfall auf feindliche Stellungen abgeworfen werden sollen. Die unter US-Kontrolle stehenden Waffen würden im Falle eines militärischen Konfliktes erst auf US-Kommando für deutsche Flugzeuge freigegeben.

Diese «nukleare Teilhabe» hat insbesondere für die USA einen mehrfachen Nutzen: Mit dieser geographisch erweiterten Form der nuklearen Abschreckung soll der Austragungsort einer nuklearen Auseinandersetzung und Zerstörung möglichst weit weg von Amerika, jenseits des Atlantischen Ozeans in Europa sein, um dort wie seinerzeit schon dem Übergewicht der Streitkräfte des Warschauer Paktes heute ebenso Russlands möglicher strategischer Überlegenheit bei konventionellen Waffen zu begegnen – ohne dass Staaten wie Deutschland dafür selbst Atomwaffen erwerben.

Indem die Bundesregierung die «nukleare Teilhabe» fortführt, delegiert sie letztendlich die Entscheidung über Deutschlands nationale Sicherheit und das Überleben seiner Bürger an die USA und gibt Washington zudem einen mächtigen Hebel in

die Hand, der auch immer mehr dazu dient, aus dem Schutzversprechen politisch und wirtschaftlich Kapital zu schlagen.

Um dafür zu sorgen, dass Deutschland mehr für Rüstung
ausgibt, das in der NATO vereinbarte und von den USA ange-
mahnte Ziel von zwei Prozent des Bruttoinlandsprodukts erreicht und auch seinen Außenhandelsüberschuss gegenüber den
USA verringert, wird Berlin angehalten, sich für amerikanische
Waffensysteme zu entscheiden, nicht zuletzt auch, um unter
dem amerikanischen Nuklearschirm zu verbleiben. Bislang
konnte die deutsche Rüstungsindustrie zwar eine Entscheidung
für das Tarnkappen-Mehrzweckkampfflugzeug F-35 Lightning
II des amerikanischen Herstellers Lockheed Martin verhindern – eine Investition, die in strategischer Sicht auch ein ge-
plantes europäisches Rüstungsprojekt untergraben hätte.
Gleichwohl wird die amerikanische Rüstungsindustrie zumindest in Form einer Zwischenlösung zum Zug kommen, weil der
Eurofighter, der von einem europäischen Konsortium aus Airbus, BAE Systems und Leonardo gebaut wird, derzeit nicht
für den Einsatz von US-Kernwaffen zertifiziert ist. Zwar wäre
es möglich, den Eurofighter technisch anzupassen, aber dafür
müsste man mehr Zeit und Geld investieren und den USA (und
deren Rüstungsindustrie) recht umfassende Einblicke in die
Flugzeugsysteme gewähren.

Um einen nahtlosen Übergang zu ermöglichen, erklärte das
Bundesverteidigungsministerium 2020 seine Absicht zu einer
gemischten Flottenlösung: also zum einen amerikanische (und
damit einfacher und schneller zertifizierbare) Boeing F/A-18F
Super Hornet und EA-18G Growler sowie zum anderen Euro-
fighter-Flugzeuge zu beschaffen.[33] Mit dieser Kompromiss-
lösung soll einerseits die nukleare Teilhabe und andererseits
das deutsch-französische Zukunftsprojekt Future Combat Air
System (FCAS) bewahrt werden. Es geht also auch darum,
technisches und industrielles Know-how in Europa zu halten.
Die Bundesregierung unter Bundeskanzlerin Merkel hatte die

Auftragsvergabe nicht mehr formell in die parlamentarische Debatte eingebracht. Diese Entscheidung bleibt der neuen Regierungskoalition vorbehalten und eröffnet damit auch die Möglichkeit einer Grundsatzdebatte über Deutschlands «nukleare Teilhabe».

Diese Debatte wird auch von amerikanischer Seite angestoßen. Bereits im Wahlkampf 2020 verdeutlichte Präsidentschaftskandidat Joe Biden seine Auffassung, «dass der einzige Zweck des US-Atomwaffenarsenals darin bestehen sollte, einen nuklearen Angriff abzuschrecken – und gegebenenfalls Vergeltung zu üben.»[34] Würde eine solche Begrenzung umgesetzt, müssten allen voran die europäischen NATO-Verbündeten ihre eigene Abschreckungsstrategie gegenüber nichtnuklearen Bedrohungen grundlegend überdenken. Denn das hieße, die bisherige «strategische Ambiguität» aufzugeben, die seit dem Kalten Krieg dazu diente, mit Atomwaffen auch groß angelegte konventionelle Angriffe abzuschrecken oder stoppen zu können. Damit würde die Rolle der US-Atomwaffen auf europäischem Boden ohnehin relativiert.

### Mut zu strategischem Denken

Peter Ammon, der als ehemaliger deutscher Botschafter in Washington sowie London mit dem strategischen Denken angelsächsischer Eliten vertraut ist, fordert von Deutschland den strategischen «Mut, auch außenpolitisch in neuen Dimensionen zu denken» und althergebrachte sicherheitspolitische Gewissheiten zu hinterfragen. Um sich auf ein plausibles Szenario vorzubereiten, in dem die USA wegen ihrer zunehmenden Konzentration auf China nicht mehr in derselben Weise wie früher für Deutschlands und Europas Sicherheit garantieren können, plädiert Ammon «für eine radikal europäische Lösung», nämlich für einen «grundlegenden und mutigen Deal mit

Frankreich, der eine ganz tiefe Integration beider Staaten vorsieht», also eine Verteidigungspolitik beider Führungsstaaten in Europa, die auch die französischen Nuklearstreitkräfte umfasst.[35] Indem Deutschland sein sicherheitspolitisches Schicksal an Frankreich, die zweite Führungsmacht auf dem Kontinent, bände, wäre zudem sichergestellt, dass nicht wieder die «deutsche Frage» und die historisch begründete Furcht vor Deutschlands Großmachtbestrebungen seine Nachbarn und andere europäische Partner verunsichern. Denn das Kommando über die «Force de Frappe» hat der französische Präsident.

Frankreichs nukleare Abschreckung gegen die Bedrohung durch den Warschauer Pakt war von Beginn an auch durch sein Bestreben motiviert, seinen Großmachtstatus aufrechtzuerhalten und sich aus der militärstrategischen Abhängigkeit von den USA zu lösen. Zwar tragen Frankreichs Streitkräfte neben den britischen und amerikanischen wesentlich zur Stärkung des Atlantischen Bündnisses bei. Aber Frankreich will sich auch künftig nicht an den nuklearen Planungen der NATO beteiligen und geht in der Nuklearfrage weiterhin einen eigenständigen Weg. Gleichwohl trägt Frankreich mit seinen Atomwaffen auch zum Abschreckungspozential der westlichen Allianz bei. Mit der anderen europäischen Atommacht Großbritannien verbindet Frankreich eine enge Zusammenarbeit und auch ein Verständnis gemeinsamer «vitaler Interessen»: «Seit 1995 haben Frankreich und das Vereinigte Königreich, die einzigen Atommächte Europas, klar zum Ausdruck gebracht, dass sie sich keine Umstände vorstellen können, unter denen eine Bedrohung der vitalen Interessen des einen keine Bedrohung für die vitalen Interessen des anderen darstellen würde», erläuterte der französische Präsident Macron das Sicherheitsversprechen der beiden Nuklearmächte.[36]

Frankreich ist heute mit knapp 300 Atomwaffen nach Russland (6375), den USA (5800) und China (320) und vor Großbritannien (215) die viertstärkste Atommacht der Welt.[37] Ur-

sprünglich verfügte das Land über eine «Nukleare Triade» mit
Luft-, Land-, und See-Komponenten. Heute hat Frankreich
keine landgestützten Nuklearwaffen mehr. Die «Atomstreit-
macht der Französischen Streitkräfte» besteht heute aus einer
Marine-Komponente, die auf vier Atomraketen-U-Booten der
Triomphant-Klasse basiert. Seit Mitte der 1960er-Jahre ist die
Luft-Komponente der französischen Nuklearstreitmacht ein-
satzbereit. Die früheren Mirage-Bomber sind mittlerweile
durch Rafale-Flugzeuge ersetzt worden, die mit ASMP-A-
Marschflugkörpern ausgerüstet sind. Über den Flugzeugträger
Charles de Gaulle könnte zudem eine Marine-Luftfahrt-Kom-
ponente hinzugefügt werden.

Deutschlands Teilhabe an der «Force de Frappe» wäre nicht
minder sicher, vielleicht sogar zielsicherer als seine bisherige, da
Stand-off-Systeme die Abschreckung glaubwürdiger machen
als die derzeitigen Freifallbomben. Denn eine Freifallbombe
muss von einem Flugzeug geliefert und auf das Ziel fallen gelassen werden. Russlands vielschichtige Luftverteidigung würde
dies zu verhindern suchen. Deshalb ist auch eine Vielzahl technisch fortgeschrittener mit Atombomben bestückter Kampfjets
nötig, um die Wahrscheinlichkeit zu erhöhen, dass das Ziel
erreicht wird. Einen höheren Wirkungsgrad haben hingegen
U-Boot- oder luftgestartete Raketen bzw. Marschflugkörper,
weil sie von außerhalb der Luftverteidigungszone des Gegners
abgefeuert werden können.

Nach Auffassung von François Heisbourg, der in seiner langjährigen Laufbahn französisches Sicherheitsdenken maßgeblich
mitprägte, wäre die französische Regierung für ein französisch-
deutsches Nukleararrangement bereit, sollte die neue deutsche
Regierung den Mut dazu fassen. Laut eines Gutachtens des
Wissenschaftlichen Dienstes des Bundestags aus dem Jahr 2017
wäre es völkerrechtlich für Deutschland durchaus möglich,
Frankreichs Atomwaffen mitzufinanzieren, um am französischen Schutzschild teilzuhaben.[38] Denkbar wären, so Heis-

bourg, etwa eine Rotationspräsenz französischer Flugzeuge außerhalb des französischen Hoheitsgebiets.[39]

Frankreich wäre bereit, seinen atomaren Schutz in eine europäische Gesamtstrategie einzubringen. Es ist bezeichnend, dass Frankreichs Präsident Emmanuel Macron zur Erläuterung seiner Strategie zur Verteidigung und nuklearen Abschreckung einen symbolträchtigen Ort wählte: die École de Guerre, die aus der 1876 gegründeten Höheren Kriegsschule (École Supérieure de Guerre) hervorging und seitdem französische Militärs ausbildet. Der letzte Staatspräsident, der vor Macron diese Militärakademie für eine historische Rede auswählte, war General de Gaulle, der 60 Jahre vor ihm, am 3. November 1959, die Entwicklung der französischen «Force de Frappe» ankündigte. In seiner Rede am 7. Februar 2020 verkündete Präsident Macron kein geringeres strategisches Projekt: Um zu unterlegen, dass er wirklich meint, was er sagt, dass nämlich Frankreichs «vitale Interessen» nunmehr eine «europäische Dimension» haben, bot Macron den «europäischen Partnern» einen «strategischen Dialog» an, darüber zu reden, welche Rolle Frankreichs nukleare Abschreckung bei der kollektiven Sicherheit Europas spielen könnte. Wegen der dramatischen weltpolitischen Veränderungen müssen die Europäer nach Ansicht des französischen Präsidenten alsbald mehr Verantwortung für ihre Verteidigung übernehmen, wohlgemerkt für einen «europäischen Pfeiler innerhalb der NATO».[40]

Natürlich ist es für Deutschland auch nicht ohne Risiko, sich strategisch so eng an Frankreich zu binden. Es nicht völlig auszuschließen, dass einmal ein Kandidat der extremen Rechten die Präsidentschaftswahlen gewinnt und in den Élysée-Palast einzieht. Doch ein enges strategisches Bündnis mit Frankreich hat den Vorteil, dass beide Länder ähnliche geostrategische Interessen haben und schon durch die Tatsache aneinander gebunden werden, dass sie die beiden Führungsmächte der Europäischen Union sind. Es gibt, bei allen Differenzen etwa in der europäischen Fiskalpolitik, also gewissermaßen natürliche Gravitationskräfte, die ein solches Bündnis unterstützen. Zusammen könnten Frankreich und Deutschland den Kern einer eigenständigen europäischen Sicherheits- und Verteidigungspolitik stellen und zum Motor werden für eine Entwicklung hin zu einer geopolitisch handlungsfähigen EU, die über eine eigene «Grand Strategy» verfügt, um ihre Interessen in der neuen Weltordnung zu behaupten. Als Europas Führungsmächte wären Deutschland und Frankreich jedenfalls gut beraten, sich strategisch und im Dialog auf eine in ihren Grundzügen bereits absehbar gefährlichere Zukunft einzustellen, in der die USA aus innenpolitischen, aber auch aus geostrategischen Gründen nicht mehr für die Sicherheit des europäischen Kontinents garantieren können oder wollen.

## Überwindung von Selbst- und Fremdblockaden

Im Aachener Vertrag von 2019 verständigten sich Frankreich und Deutschland unter anderem auf eine gemeinsame Außen- und Sicherheitspolitik. Um die militärische Zusammenarbeit zu stärken und den Weg hin zu einer Europäischen Verteidigungsunion zu ebnen, sei eine möglichst enge Zusammenarbeit der Rüstungsindustrien erforderlich. Um ihren Festtagsreden Taten folgen zu lassen, müssten sich Berlin und Paris auf ein gemeinsames Konzept europäischer Sicherheitspolitik einigen und dabei nationale Vorbehalte und Interessen überwinden.

In der Geschichte der europäischen Integration wurden die Meilensteine nicht von allen gemeinsam, sondern zuerst von den Aufbruchswilligen erreicht. Hätten die Pioniere auf die Skeptiker gewartet, dann gäbe es weder die Währungsunion noch den gemeinsamen Schengen-Raum, um die für die Bevölkerung Europas sichtbarsten Integrationsschritte zu benennen. Auch der sicherheitspolitische Weg hin zu einer Verteidigungsunion wird nicht im Gleichschritt erfolgen, zumal es auch noch Selbst- und Fremdblockaden zu überwinden gilt.

Mit dem geplanten Future Combat Air System (FCAS) etwa, das unter anderem auch die Nachfolge der Kampfflugzeuge Eurofighter und Rafale antreten soll, würden bis zur anvisierten Einführung im Jahr 2040 umfangreiche Ressourcen (schätzungsweise bis zu 300 Milliarden Euro)[41] für europäische Rüstungsgüter eingesetzt, die Europa nach Auffassung des französischen Sicherheitsexperten François Heisbourg durchaus alleine schultern kann.[42] In Washington wird diese Initiative indes mit Widerwillen beobachtet. Denn mit dem federführend von Frankreich und Deutschland geplanten FCAS würden die Europäer nicht nur ihre militärische, sondern auch ihre technologische Abhängigkeit von den USA verringern und ihre eigene Souveränität behaupten. Dass es bei FCAS um weit mehr als einen Kampfjet geht, verdeutlicht Dominik Vogel, Generalstabsdienstoffizier in der Luftwaffe der Bundeswehr: Zwar stünden Kampfjets im Zentrum einer zukünftigen Luftkriegsoperation, aber in einem äußeren Kreis spielen andere Elemente eine wichtige Rolle: weitere Systeme der Luftstreitkräfte, Transportmaschinen, andere Jagdflugzeuge, etwa der Eurofighter, oder auch die Systeme anderer Streitkräfte. Unter anderem sind über Satelliten auch weltraumbasierte Systeme mit eingebunden in einer sicheren Datenumgebung, der sogenannten Air Combat Cloud.[43]

Für dieses integrierte System, das Drohnen, Kampf-, Kommando- und Kontrollflugzeuge unter anderem auch über Satelliten (Galileo, das EU-Satellitennavigationssystem) verbindet, wäre es unter anderem auch erforderlich, eine fortschrittliche europäische Drohnentechnik zu entwickeln. Im Gegensatz zu kleinen (Klasse I) und taktischen (Klasse II) Drohnen sind fortschrittliche Drohnen der Klasse III so groß wie konventionelle Kampfjets und werden über Satellitenkommunikationsverbindungen betrieben. Sie tragen eine größere Nutzlast, fliegen länger und ermöglichen damit einen umfangreicheren Einsatzbereich: Sie dienen mit Sensoren ausgestattet zur Überwachung oder mit Waffen bestückt für Kampfeinsätze. Eine eigene Plattform für Drohnen der Klasse III (Medium Altitude Long Endurance, MALE) würde es den europäischen Ländern ermöglichen, Daten zu sammeln und Operationen autonom durchzuführen. Indem sie ihre Abhängigkeit von ausländischer Technologie verringern, würden die Europäer dem Ziel ihrer technologischen Souveränität einen entscheidenden Schritt näher kommen. Dahingehend rief 2013 der Europäische Rat das Drohnenprojekt «Eurodrohne» ins Leben. Das Leuchtturmprojekt der Ständigen Strukturierten Zusammenarbeit (PESCO) der EU wird finanziell aus dem Europäischen Verteidigungsfonds unterstützt. Die Entwicklung wird von Airbus (mit Deutschland an der Spitze, zusammen mit Spanien) als Auftragnehmer geleitet, Dassault (Frankreich) und Leonardo (Italien) sind Unterauftragnehmer. Das «Eurodrohnen»-Projekt konnte vor allem auch dank intensiver Lobbyarbeit dieser Unternehmen ins Leben gerufen werden. Ein transnationaler Interessensausgleich war nötig, weil zuvor zahlreiche Initiativen an der Kleinstaaterei Europas gescheitert waren. «Drohnen-Clubs» rivalisierender Unternehmen (Dassault, Airbus, BAE Systems und Leonardo) hatten in den späten 1990er- und 2000er-Jahren mehrere konkurrierende Projekte verfolgt, die viel kosteten, aber wenig brachten und am Ende nicht zu einer einsatzfähigen Drohne geführt haben.[44]

Ein ähnlicher Absturz droht den hochfliegenden Plänen für ein Future Combat Air System. Damit dieses Projekt nicht im politischen Wolkenkuckucksheim bleibt, müssen zunächst die Wirtschaftsinteressen der beteiligten und bislang miteinander konkurrierenden deutschen und französischen Unternehmen austariert werden. So soll der bodenständigeren deutschen Industrie mit dem Main Ground Combat System (MGCS) die Federführung bei der Entwicklung eines gemeinsamen Panzers überlassen werden, der 2035 die deutschen Leopard- und französischen Leclerc-Kampfpanzer ersetzen soll. Im Gegenzug sollen die Franzosen beim FCAS in Führungsleistung gehen – obschon Dassault im Vergleich zu Airbus weitaus kleiner ist und dementsprechend befürchtet, in einer Kooperation am kürzeren Hebel zu sitzen, vor allem, wenn es um Rechte an Knowhow und an möglichen Patenten geht. Diese schwierigen Verhandlungen dürften nicht einfacher werden, wenn dabei auch noch andere (an Airbus beteiligte) Staaten wie Spanien mitreden und Dassaults Gewicht noch weiter relativieren könnten.

Dass diese Verständigung mit Frankreich nicht einfach werden wird, erläutert der CSU-Abgeordnete Reinhard Brandl, der als Mitglied im Verteidigungsausschuss des Bundestages unter anderem auch die Perspektive seines Airbus-Standortes in Manching vertritt: «Dassault ist gewohnt allein und souverän zu arbeiten, es stellt die Rafale her, die Rafale ist mit ihrer nuklearen Rolle ein zentraler Baustein der militärischen Sicherheit Frankreichs – und sie waren bisher nicht gewohnt zu teilen. Jetzt kommt mit Airbus ein viel größeres Unternehmen, und es ist nachvollziehbar, dass sich der viel kleinere Partner Dassault möglichst viel sichern möchte, um nicht vom viel größeren Partner erdrückt zu werden.»[45] Wenig überraschend legte Dassault-Chef Éric Trappier seine «Alternativpläne» vor – bis hin zu dem «Plan, alles alleine zu machen». Den Sorgen einiger französischer Senatoren, Frankreich könnte bei diesem Projekt übervorteilt werden, entgegnete Trappier verständnisvoll: «Nicht ich habe mich für Deutschland entschieden. Es war der französische Staat – was ich aber nicht kritisieren will. Ich verstehe, dass das eine politische Entscheidung ist, die ich absolut nicht in Frage stellen möchte.»[46]

Mit anderen Worten: Ohne weitere politische Führung aus Paris bzw. Berlin und gesamteuropäische Kooperationsanreize (vor allem auch finanzieller Art) für die jeweiligen Rüstungsindustrien der beteiligten Länder ist ein (weiteres) Scheitern nicht auszuschließen. Bereits Mitte der 1980er-Jahre gab es einen erfolglosen Versuch, die Rafale als Gemeinschaftsprojekt, unter anderem mit deutscher und britischer Beteiligung, in die Tat umzusetzen. Nur wenige Monate nach Vertragsunterzeichnung Ende 1984 scheiterte das Vorhaben am Streit über die Ausstattung und Arbeitsanteile und nicht zuletzt auch an der Frage, wer den Hut aufhat. Während Frankreich ausscherte und fortan seine Rafale im Alleingang weiterentwickelte, verständigten sich die übrigen Vertragspartner auf das Konkurrenzprodukt Eurofighter.

Nach Einschätzung von Delphine Deschaux-Dutard, die an der Université Grenoble zur deutsch-französischen Rüstungskooperation forscht, sprechen heute Budgetzwänge gegen einen weiteren französischen Alleingang: «Technisch wäre das wohl machbar. … Wir könnten so ein Flugzeug selber entwickeln, aber das ist eben sehr teuer. Und die Frage dabei ist: Sind die französischen Steuerzahler bereit, ein solches Kampfflugzeug entwickeln zu lassen, mit den entsprechenden Konsequenzen für den Staatshaushalt? Ich glaube, dass dieser finanzielle Aspekt bei dem Projekt ein großes Gewicht hat.»[47]

Woran es in Frankreich trotz aller Haushaltsengpässe jedoch nicht fehlt, ist geostrategischer Weitblick: «Was wir haben wollen, ist ein System, das unseren Militärs eine Luftüberlegenheit verschafft und die Fähigkeit, überall dort als Erster zu intervenieren, wo wir es wollen. Und das wird möglich durch das Zusammenspiel aller geplanten Elemente in diesem Projekt: Satelliten, Drohnen, Kampfflugzeuge, Aufklärungsmodule und alle weiteren Systeme, die sich darum gruppieren», erläutert Natalia Pouzyreff von der Präsidentenpartei «La République en Marche» die strategische Bedeutung des FCAS-Projektes. Als Ingenieurin, die viele Jahre in der Industrie arbeitete, ist sie vertraut mit der Technik und kennt auch die politischen Stellschrauben.[48] Nach Konsultationen mit ihren Kollegen aus dem

Verteidigungsausschuss des Bundestags bemerkte sie ein strategisches Umdenken auf deutscher Seite: «Ich habe bei meinen
Gesprächen in Berlin den Eindruck gewonnen, dass auch die
Deutschen nicht von Technologien abhängig sein wollen, die
nicht aus Europa stammen. Man weiß schließlich nicht, was die
Zukunft bringt. Und politisch betrachtet hätten wir Europäer
ohne diese Entwicklungen es wohl schwer, uns unter den großen Mächten auf der internationalen Bühne weiter Gehör zu
verschaffen.»[49]

## Souveränität zur Kooperation auf Augenhöhe

Man muss nicht einmal ein Schreckensszenario an die
Wand malen und den möglichen politischen Wiedergänger Donald Trump sowie die weiterhin prekäre innenpolitische Lage
der vermeintlichen Schutzmacht USA bemühen, um Europas
Bestrebungen nach mehr Souveränität zu rechtfertigen. Bereits
die Enthüllungen des ehemaligen US-Geheimdienstmitarbei-
ters Edward Snowden hinsichtlich der Spähangriffe der National Security Agency (NSA) hatten schon während der Amtszeit
des dafür verantwortlichen Präsidenten Barack Obama eine
Debatte angestoßen, ob der Preis, den die Europäer für die Pax
Americana, den Sicherheitsschild ihres «großen Bruders», zahlen, nicht doch zu hoch ist – zumal die USA die von ihren Alliierten gewünschte Ordnungsfunktion ohnehin nicht mehr erfüllen können bzw. wollen.

Wer sich an die früheren heftigen Auseinandersetzungen
erinnert, ist gegen transatlantische Nostalgie und Wunschden-
ken gewappnet und kann die heutige Konfliktlage nüchtern
betrachten. Bei der derzeitigen transatlantischen Auseinandersetzung um den chinesischen Technologieanbieter Huawei
kann man etwa davon ausgehen, dass Washingtons Warnungen
vor chinesischer Spionage in Europa durchaus ernst genom-

men werden – zumal eine Weltmacht wie die USA, die ihrerseits 16 Geheimdienste unterhält, wohl am besten weiß, welche Aktivitäten zweckmäßig sind und auch einer anderen, zumal rivalisierenden Großmacht jene Fähigkeiten und Absichten unterstellt, die sie selbst hat. Die Bemühungen der USA, Europa vor Chinas Einfluss zu schützen, wären aber annehmbarer für ihre Alliierten gewesen, wenn Washington nicht im gleichen Atemzug eine europäische Lösung – Ericsson und Nokia – kategorisch ausgeschlossen und nicht auch noch versucht hätte, die beiden Konzerne unter US-Kontrolle zu bringen.

Vielleicht gelingt es den Europäern, Trumps Nachfolger Biden zur wirtschaftlichen und sicherheitspolitischen Vernunft zu bringen: nämlich die US-Regierung davon zu überzeugen, dass es für die USA künftig vorteilhafter wäre, mit Alliierten partnerschaftlich auf Augenhöhe zu kooperieren, anstatt sie mit geoökonomischen Erpressungen noch anfälliger für Chinas wirtschaftliche und diplomatische Charme-Offensiven zu machen. Denn China ist dabei, seine Währungsreserven aus der sogenannten Dollar-Falle zu nehmen, seine Absatzmärkte zu diversifizieren, geopolitisch Raum zu greifen und neue Abhängigkeiten zu schaffen – nicht zuletzt auch in Europa.

Dank ihrer technologischen Fähigkeiten werden sowohl die USA als auch China künftig mit härteren Bandagen spielen und auch die Uneinigkeit Europas auszunutzen wissen. Es ist höchste Zeit, die Entscheidungs- und Handlungsfähigkeit der Europäischen Union zu verbessern. Denn nur ein einiges Europa, ein supranationaler Rahmen, gewährt europäischen Staaten die nötige Souveränität, um in der neuen Weltordnung selbstbestimmt wirtschaften und leben zu können. Die Europäer sind gut beraten,[50] ihr ökonomisches Gewicht künftig stärker einzusetzen und auch ihre gemeinsamen militärischen Fähigkeiten zu verbessern, um in der Außen- und Handelspolitik europäische Interessen und Werte verteidigen zu können.

## Geo-Ökonomie:
## Die Politisierung von Handel,
## Finanzen und Technologie

Der Wettkampf zwischen den USA und China um die Ressourcen der Zukunft ist in vollem Gange und wird mit zunehmender Härte geführt. Deutschland und Europa sind zwischen die Fronten geraten. Nach dem Ansinnen der westlichen «Schutzmacht» USA darf dem strategischen Rivalen China künftig auch nicht mehr durch wirtschaftlichen Austausch geholfen werden, ökonomisch und technologisch aufzusteigen. Vielmehr soll mit allen Mitteln verhindert werden, dass China die USA in den technologischen Schlüsselbereichen überholt.

Schon seit Längerem gibt es Bedenken in Washington, dass China von amerikanischer Technologie profitieren und sie gegen die USA verwenden könnte. So warnte der damalige demokratische US-Verteidigungsminister Leon Panetta bereits 2012 vor einer «Cyber-Pearl-Harbor»-Bedrohung durch China und andere.[1] Die Befürchtungen, dass die USA gegenüber China technologisch ins Hintertreffen geraten und damit bedroht werden könnten, wurden umso größer, seitdem Chinas Staatspräsident Xi Jingping selbstbewusst sein Ziel verkündete, bis 2049 die globale Technologieführerschaft zu übernehmen.[2] Bereits heute lösen Chinas technologische Fähigkeiten und «Big Data» in Washington einen ähnlichen Schock aus wie seinerzeit der Start des ersten künstlichen Erdsatelliten Sputnik 1 im Herbst 1957 durch die Sowjetunion.

«Entkopplung» statt Einbindung

Um Chinas ökonomische und militärische Modernisierung zu drosseln, forcieren die Vereinigten Staaten anstelle der
bisherigen Politik der Einbindung und Integration eine Strategie der wirtschaftlichen «Entkoppelung». Amerikas Unter-
nehmenssektor wird seiner Regierung sekundieren und ebenso
das «decoupling» vorantreiben müssen. Immer mehr US-Firmen versuchen, auf Kosten der «Effizienz», etwa der bisherigen
international vernetzten «Just-in-time»-Produktion, mehr «Re-
silienz» zu gewinnen. Dieses «Nearshoring», «Reshoring» oder
die «Lokalisierung» bedeutet, dass westliche Firmen ihre Lieferketten aus China wieder nach Hause verlagern. Einige Indus-
triezweige, insbesondere im Technologiesektor, werden umso
mehr unter Druck der US-Regierung geraten, dasselbe zu tun.
Mit Argusaugen achtet Washington insbesondere darauf, dass
die für seine strategischen Industrien wichtigen Lieferketten
von China unabhängiger werden.

Es ist zu befürchten, dass die USA diesen kompromisslosen
Kurs gegen China weiterfahren werden, weil sie auch selber
weniger zu verlieren haben als andere Länder. Während der globale Handel heute etwa 60 Prozent der weltweiten Wertschöp-
fung ausmacht, ist das Bruttoinlandsprodukt (BIP) der USA nur
zu einem Viertel vom Handel mit anderen Ländern abhängig.[3]
Insbesondere sind die wirtschaftlichen Kosten einer Konfrontation mit China für die USA niedriger als für viele andere Länder. Somit kann US-Präsident Biden den von seinem Vorgänger
Trump vom Zaun gebrochenen Handelskrieg mit China weiter-
führen, zumal es wenig innenpolitischen Widerstand dagegen
gibt und dieser Kurs auch überparteilich vom Kongress unterstützt wird.

Der wachsende Antagonismus zwischen den USA und China
wird jedoch erhebliche negative Auswirkungen für andere

Länder zeitigen, da die bilaterale Entkopplung einen umfassenderen Prozess der De-Globalisierung bewirkt. So ist das politische Kalkül von deutschen Regierungsvertretern, die von der Biden-Regierung dazu gedrängt werden, Teil ihrer Anti-China-Koalition zu werden, ein anderes. Der chinesische Markt ist insbesondere wichtig für große deutsche Unternehmen, vor allem die exportorientierten Automobilkonzerne BMW, Mercedes und Volkswagen. Anders als in den USA sehen die Verantwortlichen in Deutschland keine existenzielle Bedrohung durch China, sodass das amerikanische Sicherheitsargument nicht überzeugt, um Wirtschaftsinteressen preiszugeben.

Hingegen ist Japan, das sich als Nachbar und wegen seiner Territorialkonflikte mit China unmittelbar durch das Reich der Mitte bedroht sieht, eher bereit, Tribut für den amerikanischen Schutz zu leisten. Anfang 2020 hat Japans Regierung neben seinen umfangreichen direkten militärischen Dienstleistungen auch noch über zwei Milliarden Dollar an zusätzlichen Mitteln bereitgestellt, um japanische Unternehmen und ihre Lieferanten zu subventionieren, die China verlassen und ihre Produktion wieder nach Hause oder nach Südostasien verlagern wollen.[4]

Die Region Südostasien könnte zu den Gewinnern dieser Umorientierung werden, zumal sie mit dem unter Japans Führung geschaffenen Umfassenden und Progressiven Abkommen für Transpazifische Partnerschaft (CPTPP) von 2018 auch über einen handelsrechtlichen Rahmen verfügt, der Unternehmen der acht beteiligten Mitgliedsländer Asiens sowie Nord- und Südamerikas weitere Anreize für Verlagerungen ihrer Produktionsketten gibt.[5]

In dem immer dominanter werdenden geo-ökonomischen Denken der Weltmächte sind wirtschaftliche Verflechtung und weltweite Arbeitsteilung nicht mehr notwendigerweise Garant für Wohlstand und Frieden. Stattdessen werden sie zum Risiko,

da Ungleichgewichte in der gegenseitigen Abhängigkeit ausgenutzt werden können. Wertschöpfungsketten und Handelsbeziehungen sind zur Waffe geworden: Sie werden zum Objekt
geostrategischer Ambitionen. Interdependenz lädt heute zu Angriffen ein.

Interessenskonflikte, insbesondere zwischen den USA und
China, werden (noch) unterhalb der Schwelle direkter militärischer Konfrontation mit geo-ökonomischen Mitteln ausge-
fochten. Handels-, Technologie- oder Finanzpolitik werden als
Instrumente genutzt, um geostrategische Ziele zu erreichen.
In der heutigen, dynamischen geo-ökonomischen Auseinandersetzung geht es um die Kontrolle von Strömen: insbesondere
von Energie-, Rüstungs-, Industriegüter-, Finanz- und Daten-
strömen. Das Spiel der Kräfte auf freien Märkten wird politisch
ausgehebelt und manipuliert.

## Amerikas Marktmanipulation

Aufgrund seiner militärischen Schwäche und der Präsenz seiner Unternehmen auf globalen Märkten ist Deutschland
in besonderem Maße von der «rule of law», den multilateralen
Regeln, etwa der Welthandelsorganisation (WTO) abhängig,
die für alle 164 Mitgliedstaaten gelten. Die USA sind hingegen
der Meinung, dass ihre auf wirtschaftlicher und militärischer
Stärke fußende Macht von multilateralen Regeln nur beschnit-
ten werde und vielmehr ihren Rivalen, allen voran China, helfe.
Solange die internationale regelbasierte Ordnung, insbesondere
die WTO und das multilaterale Welthandelssystem, nicht zuletzt auch durch Washingtons Handeln geschwächt werden, gilt
weiterhin das Recht des Stärkeren, nämlich der nach wie vor
größten Militärmacht USA. Obschon die Biden-Regierung rhe-
torisch wieder mehr Wert auf «Multilateralismus» und «Werte»
legt und die von Trump eingeführten Strafzölle gegen Amerikas

«Alliierte» zum Teil zurückgenommen hat, geht es den USA im Kern nach wie vor darum, mit aller wirtschaftlichen und militärischen Macht ihre nationalen Interessen zu wahren.

US-Präsident Trump stellte das multilaterale Welthandelssystem immer wieder als schlechten Deal für Amerika dar. Indem er auch in diesem Politikfeld die militärische Trumpfkarte zog und Strafzölle (auf Stahl und Aluminium) mit nationaler Sicherheit begründete,[6] setzte er nicht nur seine protektionistische Handelspolitik durch, sondern er untergrub auch die Glaubwürdigkeit der Welthandelsorganisation (WTO). Mit der Verquickung von Handels- und Sicherheitspolitik wurde ein folgenreicher Paradigmenwechsel vollzogen. Denn es ist fraglich, ob die WTO überhaupt Streitigkeiten über Handelsmaßnahmen schlichten kann, die mit nationaler Sicherheit begründet werden. Dem Beispiel der USA folgend, könnten andere Länder ihrerseits Zölle im Namen ihrer nationalen Sicherheit erheben. Das wäre schnell das Ende der durch die WTO geregelten internationalen Handelsordnung.

Auch indem sie die Neubesetzung freiwerdender Richterstellen im Berufungsgremium blockieren, gefährden die USA die Funktionsfähigkeit der WTO. Mit der Streitschlichtung haben die USA das Herzstück der WTO und damit ein wichtiges Organ der internationalen Wirtschaftsordnung außer Kraft gesetzt. Wegen der seit der Obama-Regierung bestehenden Blockadehaltung Washingtons, die von Joe Biden fortgesetzt wird, sind mittlerweile weniger als drei Mitglieder am Berufungsgremium («Appellate Body») des Streitschlichtungsmechanismus der WTO tätig. Damit wurde die Mindestzahl unterschritten, die für eine Fallentscheidung nötig wäre. Dies führt zu einer deutlichen Schwächung der WTO und damit auch der globalen, regelbasierten Handelsordnung, da ohne einen funktionierenden Berufungsausschuss kein Verfahren mehr abgeschlossen werden kann. Seit Dezember 2019 ist wegen der US-Blockadehaltung der rechtlich bindende Streitschlichtungsmechanismus außer Kraft, der die WTO-Regeln bislang effektiv durchsetzen konnte.

Die USA kritisieren insbesondere, dass das Berufungsgremium in vielen Fällen seine Kompetenzen überschritten und in seinen Urteilen die Rechte der USA auf Handelsschutzmaßnahmen beeinträchtigt habe. Die USA bemängeln zudem, dass die WTO nicht in der Lage sei, handelsverzerrenden Praktiken von nicht-marktwirtschaftlichen Staaten wie China zu begegnen. Die Regeln seien zu schwach oder zu veraltet, um mit staatlich subventioniertem Handel, Staatsunternehmen, erzwungenem Technologietransfer oder dem Diebstahl geistigen Eigentums umzugehen. Anstatt die WTO und damit die regelbasierte Ordnung dafür zu nutzen, Chinas neo-merkantilistischer Wirtschaftspolitik Grenzen zu setzen, führt Biden jedoch die von seinem Vorgänger forcierte unilaterale Wirtschaftspolitik mit dem Recht des wirtschaftlich und militärisch Stärkeren fort.

In ihrer Fixierung auf nationale Souveränität gehen die USA ohnehin davon aus, dass ein WTO-Urteil gegen die USA nicht automatisch zu einer Änderung eines amerikanischen Gesetzes oder einer Handelspraxis führen wird. Während einerseits die Urteile des WTO-Streitschlichtungsmechanismus von den USA nicht mehr grundsätzlich anerkannt werden oder das multilaterale Schiedsverfahren selbst ausgehebelt wird, soll andererseits jedoch amerikanischen Handelsgesetzen[7] mit aller zur Verfügung stehenden Machtfülle der USA weltweit Geltung verschafft werden. Daher gehen die USA nunmehr aggressiv und unilateral gegen ihre Konkurrenten vor und setzen ihre gesamte wirtschaftliche und politische Macht als Hebel ein, um Marktzugang und bessere Handelsbeziehungen zu erzwingen.[8]

Insofern hat Trump bestehende transatlantische Konflikte in der Sicherheits- und Handelspolitik «nur» verschärft. Die EU kann sich in der Handelspolitik nicht mehr auf ihren traditionellen Status als Verbündeter verlassen, sondern muss wie alle anderen Staaten mit den USA Abkommen aushandeln, die amerikanische Interessen stärker berücksichtigen. Im Gegensatz zu anderen Staaten ist die EU jedoch – zumindest im Handelsbereich – ein gewichtiger Verhandlungspartner, der aufgrund der engen Vernetzung im Handel mit den USA auf Augenhöhe agieren könnte.[9] Allerdings muss die EU darauf achten, dass sie mit den USA künftig nur Abkommen abschließt, die nicht gegen internationale Regeln verstoßen. Es gilt unter allen Umständen, Handelsbeschränkungen zu verhindern, die die USA etwa im NAFTA-Nachfolgeabkommen, dem United States-Mexico-Canada Agreement (USMCA), erwirkt haben: Kanada und Mexiko wurden genötigt, ihre Autoexporte in die USA auf ein zollfreies Kontingent von 2,6 Millionen Pkws zu begrenzen. Damit wurde das WTO-regelwidrige Prinzip des «managed trade» in ein US-Abkommen eingeführt. Durch eine ebenso problematische «China-Klausel» im USMCA wollen die USA ihre Nachbarn Kanada und Mexiko von einem Abkommen mit China abhalten und unterminieren somit deren handelspolitische Souveränität.

In ähnlicher Weise hat sich die EU bei der Ende Oktober 2021 erzielten Vereinbarung zur Aufhebung der Stahl- und Aluminiumstrafzölle über den Tisch ziehen lassen. Denn bei genauerem Hinsehen wird deutlich, dass Biden die protektionistische Handelspolitik seines Vorgängers fortführt und mit diesem Deal in Form eines sogenannten «tariff rate quota (TRQ) regime» sogar noch verschlimmert hat. Während die EU ihre handelspolitischen Verteidigungswaffen aus der Hand gab, indem sie ihre Gegenmaßnahmen in Form von Vergeltungszöllen auf amerikanische Produkte aufhob, behalten die USA ihre handelsverzerrenden Druckmittel weiterhin in Stellung. Denn deutsche Stahl- und Aluminiumexporte in die USA unterliegen weiterhin einem Zoll von 25 Prozent, wenn sie einen bestimmten, von den USA diktierten Schwellenwert überschreiten. «Wir schätzen die anhaltende Erkenntnis der Biden-Regierung, dass die amerikanische Stahlindustrie für unsere nationale und wirt-

schaftliche Sicherheit von entscheidender Bedeutung ist»,[10] be-
grüßte Kevin Dempsey, Präsident und CEO des American Iron
and Steel Institute, den Protektionismus der Regierung Joe Bidens, der im Hinblick auf dessen mögliche Wiederwahl in hart
umkämpften Einzelstaaten wie Pennsylvania einmal mehr den
Ausschlag geben könnte.

Mit einer solchen Vereinbarung von Zollkontingenten ersetzt
Biden nicht nur bei schwächeren Handelspartnern wie Mexiko
und Kanada, sondern auch gegenüber den vermeintlich stärkeren Europäern den Wettbewerb durch das Prinzip des «managed trade», ein beschönigender Ausdruck für politische Mani-
pulation des Marktgeschehens. Nicht die Marktkräfte und die
internationalen Regeln der Welthandelsorganisation, sondern
das Recht des Stärkeren soll künftig den Ausschlag geben.

## Chinas Merkantilismus

Eine Äquidistanz zwischen den USA und China[11] oder
gar eine Annäherung an China kann jedoch in keinem Fall eine
sinnvolle Option für Europa sein, und zwar nicht nur wegen
der sicherheitspolitischen Abhängigkeit von den USA. Denn
Chinas opportunistische Interpretation von Multilateralismus
unterscheidet sich ebenso wie der Ansatz der USA grundlegend
vom regelbasierten Verständnis Europas.[12] So verlockend Pekings harmonische «Win-Win»-Rhetorik auch klingen mag,
sein Handeln sollte europäischen Partnern zu denken geben: In
seiner Außenwirtschaftspolitik missachtet China in vielen Fällen die grundlegenden WTO-Prinzipien von Nicht-Diskrimi-
nierung und Transparenz. Zuweilen werden auch nachteilige
Urteile, etwa des Ständigen Schiedshofs im Territorialstreit mit
den Philippinen, ignoriert.

Ob China ein «responsible stakeholder» werden will, dem
daran gelegen ist, die westlich dominierten Ordnungsstruktu-

ren aufrechtzuerhalten, bleibt fraglich. Bislang wurde die vom Westen an den Beitritt des Landes zur WTO im Jahr 2001 geknüpfte Hoffnung, China werde sich wirtschaftlich und politisch liberalisieren, enttäuscht. Die regelbasierte Ordnung und Globalisierung haben es China zwar ermöglicht, sich über Marktöffnung zu industrialisieren und zu modernisieren. Doch die damit gewonnene weltweite Marktmacht hat eigene Ordnungsvorstellungen inspiriert, zumal westliche Länder, allen voran ihre Führungsmacht USA, sich ohnehin schwertun, China ein Mitsprache- und Mitgestaltungsrecht zu gewähren. Da zum Beispiel der amerikanische Kongress über fünf Jahre internationale Vereinbarungen blockierte, China mehr Mitsprache in den bestehenden, von den USA dominierten Bretton-Woods-Institutionen (Weltbank und Internationaler Währungsfonds, IWF) einzuräumen, baut China nunmehr von ihm beeinflusste Alternativstrukturen wie seine Asiatische Infrastruktur-Investitionsbank (AIIB) auf.

Die Sorge vor unfairen Vorteilen chinesischer Unternehmen gegenüber europäischen Firmen bestimmt die Debatte um den europäischen Wettbewerb mit China. So können chinesische Unternehmen, die im Heimatland durch Subventionen oder vorteilhafte Kreditvergabe unterstützt werden, ihre Produkte in Europa unter Marktpreisen absetzen. Wegen der strengeren Beihilfekontrolle des EU-Binnenmarktes sind europäische Unternehmen dagegen im Nachteil – nicht nur auf dem europäischen Binnenmarkt, sondern auch beim Wettbewerb auf Drittmärkten.

Europäische Unternehmen sehen sich auch bei der Vergabe öffentlicher Aufträge in China benachteiligt. Oft werden sie von dem riesigen, von chinesischen Staatsfirmen dominierten Beschaffungsmarkt sogar faktisch ausgeschlossen, während europäische Ausschreibungen für chinesische Bieter grundsätzlich zugänglich sind. Außerdem werden europäische Firmen in China mit umfangreichen Auflagen und sektoralen Investitionsverboten beschränkt, während chinesische Investoren in Europa weitestgehend freie Hand haben.

Um sich gegen die von Washington betriebene wirtschaftliche Entkopplung zu wappnen, hat China nach siebenjährigen Verhandlungen mit Europa schließlich eingelenkt und zum Jahresende 2020 einer Investitionspartnerschaft zugestimmt. Künftig sollen hüben wie drüben die Investitionsbedingungen verbessert, weil fairer gestaltet werden – sobald Europas Entscheidungsträger diesem in seinen Details noch nicht ausgehandelten Investitionsabkommen zugestimmt haben werden. Dabei wird es insbesondere darum gehen, einen Ausverkauf europäischer Firmen in technologisch oder sicherheitspolitisch sensiblen Bereichen zu verhindern und sicherzustellen, dass nicht nach einer Übernahme die Produktionsstätten und Konzernzentralen nach China verlagert werden und so Innovationstätigkeit, Wertschöpfungsanteile, Arbeitsplätze und Steuereinnahmen dauerhaft verloren gehen. Denn schon seit Längerem, insbesondere seit der Übernahme des Roboterherstellers Kuka, dem Einstieg von Geely bei Mercedes Benz und dem letztlich verhinderten Versuch Chinas, Anteile des Netzbetreibers 50 Hertz zu übernehmen, wird chinesische Investitionstätigkeit in Europa zunehmend kritisch gesehen. Zumal Chinas Führung mit ihrer industriepolitischen Strategie «Made in China 2025» das selbstbewusste Ziel formuliert, in zehn wertschöpfungsintensiven Industriesektoren die globale Marktführerschaft zu erlangen – auch um international die Standards und das künftige Wirtschaftssystem zu bestimmen.

Chinas «Seidenstraßen-Initiative» macht auch vor Europa nicht Halt und unterminiert mittlerweile sogar Europas Handlungsfähigkeit. Chinas wirtschaftlicher Einfluss, vor allem gegenüber kleineren europäischen Ländern, und sein bilaterales Vorgehen, etwa in Foren wie dem «17+1»-Format,[13] spaltet Europa und kann die EU daran hindern, eine einheitliche politische Haltung einzunehmen. Denn chinesische Investitionen sind bereits als Druckmittel eingesetzt worden, etwa als Griechenland, dessen Hafen in Piräus mehrheitlich in chinesischer Hand ist, eine EU-Erklärung vor den Vereinten Nationen blockierte, mit der Chinas Menschenrechtsverletzungen kritisiert werden sollten. Ende März 2021 beschloss die EU dann doch Sanktionen gegen China wegen der Inhaftierung von Angehörigen der muslimischen Minderheit der Uiguren in Umerziehungslagern in Xinjiang. Nachdem China seinerseits mit Sanktionen, nicht zuletzt auch gegen einzelne EU-Abgeordnete, reagierte, legte das Europäische Parlament die Ratifizierung des geplanten Investitionsabkommens zwischen der EU und China auf Eis.

Diese Abkehr der Europäer von China wurde von Vertretern der Biden-Regierung wenig überraschend lobend zur Kenntnis genommen.[14] Doch seit der Präsidentschaft Donald Trumps muss Washington ebenfalls als Bedrohung für das multilaterale System angesehen werden.

## Amerikas vermeintliche Energiedominanz

Denn auch in der Energiepolitik wird Europa angehalten, Tribut für die «Pax Americana» zu zahlen – dies umso mehr, seit der Energieexporteur USA große Schwierigkeiten hat: Die von der COVID-19-Pandemie ausgelöste Weltwirtschaftskrise hat die Probleme auf den globalen Märkten für fossile Energieträger verschärft. Der enorme Einbruch der Nachfrage im Zuge der COVID-19-Krise, um etwa 20 Millionen Fass pro Tag,[15] hat die Existenz der ohnehin schon angeschlagenen «Fracking»-Industrie in den USA gefährdet. Zuvor war «Fracking», ein Verfahren, mit dem sich Erdgas und Erdöl aus undurchlässigem Gestein lösen lassen, das Zauberwort für die vermeintliche Energieunabhängigkeit und den wirtschaftlichen Erfolg der USA.

Auch in politischer Hinsicht gefährdete die prekäre wirtschaftliche Lage, insbesondere der US-Energieindustrie, seinerzeit schon die Wiederwahl von US-Präsident Donald Trump
und verstärkte das nationalistische Nullsummendenken des damaligen Amtsinhabers im Weißen Haus. Trumps kurzsichtiges
geo-ökonomisches Vorgehen gegen die Hauptkonkurrenten
auf den internationalen Öl- und Gasmärkten – sei es gegen
Saudi-Arabien, Russland oder den Iran – ging vor allem auch
auf Kosten wirtschaftlicher Interessen der alliierten Länder in
Europa.[16] Bis heute werden von der US-Regierung die Energie-
und auch die korrespondierenden Finanzströme politisch ge-
managt oder manipuliert, insbesondere durch (Sekundär-)Sank-
tionen.

Erwartungen in Europa, dass Trumps Nachfolger Joe Biden
diesen konfrontativen Kurs korrigieren würde, sind bislang enttäuscht worden. Denn auch Präsident Biden muss auf die Parti-
kularinteressen von Amerikas «Fracking»-Industrie achten, die
nicht nur im Kongress, etwa durch den texanischen Senator Ted
Cruz, repräsentiert werden, sondern auch seine eigenen Wieder-
wahlchancen beeinflussen. Die «Fracking»-Industrie ist in den
besonders hart umkämpften «battleground states» wie Ohio
oder Pennsylvania am Werke und kämpft dort um ihr Überleben.
Vor den Entlassungen beschäftigte die US-Öl- und Gasindust-
rie direkt mehr als 150000 Menschen, unterstützte indirekt
mehr als zehn Millionen zusätzliche Arbeitsplätze und machte
fast acht Prozent der gesamten US-Wirtschaftsleistung aus.[17]

Die COVID-19-Pandemie und die mit ihr einhergehende
Weltwirtschaftskrise verschärfen die bestehenden Dynamiken
in den globalen Energiemärkten. Dass die führenden Produzenten auf den durch die Pandemie bewirkten Nachfrageeinbruch mit einem Preiskampf reagierten, ist bezeichnend: Denn
die Erdölproduzenten haben schon seit Längerem mit einer
künftig stagnierenden, in den Ländern der Organisation für
wirtschaftliche Zusammenarbeit und Entwicklung (OECD) ja

sogar rückgängigen Nachfrage nach fossilen Brennstoffen gerechnet.[18] Neue Antriebstechnologien und ein geschärftes Umweltbewusstsein gelten als Treiber einer Energie-Transformation. Die größten Produzenten fossiler Brennstoffe, namentlich die USA, Saudi-Arabien und Russland, reagierten auf den Nachfrageeinbruch denn auch nicht langfristig orientiert, indem sie etwa durch Absprachen ihre Förderung und damit das Angebot verknappten, um den Preisverfall einzudämmen. Vielmehr handelten allen voran Saudi-Arabien und Russland zunächst im Sinne eines «hit and run» auf kurze Sicht: Im Wissen um das absehbare Ende des Erdölzeitalters versuchen die Hauptproduzenten in der verbleibenden Zeit noch möglichst viel Kapital aus ihren Ressourcen zu schlagen, auch indem sie ihre Wettbewerber verdrängen. Im Vergleich zu den kostengünstigeren Produzenten Saudi-Arabien und Russland sind die USA bei diesem Verdrängungswettbewerb jedoch im Nachteil. Leidtragender des Ölpreisverfalls war insbesondere die amerikanische «Fracking»-Industrie.

Die US-Regierung hat diesem Markttreiben nicht tatenlos zugesehen und wird auch künftig mit aller wirtschaftlichen und militärischen Macht versuchen, ihrer Öl- und Gas-Industrie zu helfen. So werden die europäischen Alliierten aufgefordert, Tribut für die «Pax Americana» zu leisten, indem sie anstelle des billigeren russischen Gases mehr «Freiheitsgas» aus den USA beziehen und für die zum Transport nötige Infrastruktur, etwa Flüssiggasterminals, bezahlen. Dies ist nicht der alleinige, aber doch auch ein Grund für den Widerstand Washingtons gegen die Nord Stream 2-Pipeline, über die noch mehr russisches Erdgas aus den Feldern Sibiriens über St. Petersburg bis Greifswald transportiert werden soll. Auch wer in Europa mit Geschäften im Iran rechnete, hat die Militär- und Wirtschaftsmacht der USA unterschätzt. Die USA werden den Iran[19] durch Sanktionen weiterhin von der Förderung seiner üppig vorhandenen Ressourcen abhalten.[20]

Auch früher schon hatten die USA der Marktmacht der Energieproduzenten ihre Militärmacht entgegenhalten. «Sicherheit für Öl» lautete seinerzeit schon der Deal mit Saudi-Arabien. Die «Schutzmacht» USA hat dafür gesorgt, dass die Ölmonarchie Saudi-Arabien stabil blieb. Im Gegenzug trug Riad mit seiner Ölproduktion dafür Sorge, dass der Ölpreis nicht allzu sehr stieg und die westlichen Volkswirtschaften beschädigte, wie seinerzeit in der Ölkrise von 1973, als die Mitglieder der Organisation arabischer Erdölexportländer ein Ölembargo forcierten.

Seitdem die USA dank des «Fracking»-Booms auf den internationalen Energiemärkten zum Nettoexporteur aufgestiegen sind, also mehr Öl und Gas exportieren als sie importieren, feiern Entscheidungsträger und Experten gleichermaßen die seit den 1970er-Jahren angestrebte «Energieunabhängigkeit». In Trumps utilitaristischem Denken war Energie nun auch für die USA ein wirksames Mittel zum geostrategischen Zweck geworden – eine Ressource und ein Instrument zur Machtausübung. «Wir haben echte Unabhängigkeit. Aber was wir jetzt wollen, ist nicht Unabhängigkeit; wir wollen eine amerikanische Energiedominanz», erläuterte Trump das neue Denken im Weißen Haus in seiner Ansprache vor Arbeitern des Shell Pennsylvania Petrochemicals Complex in Monaca, Pennsylvania.[21] «Energiedominanz» lautet das neue Schlagwort auch in der von der Trump-Administration vorgelegten Nationalen Sicherheitsstrategie der USA.[22]

Der Nachfrageeinbruch im Zuge der COVID-19-Pandemie und der folgende Preiskampf hätten jedoch die Trump-Regierung eines Besseren belehren können, dass es nämlich weniger Amerikas Marktmacht auf den Energiemärkten, sondern vielmehr seine militärisch unterfütterte politische Macht ist, die letztendlich den Ausschlag gibt. So übte die US-Regierung enormen Druck auf Saudi-Arabien aus und erhielt dabei auch Schützenhilfe vom Kongress. US-Senatoren, die erdöl- und erdgasproduzierende Einzelstaaten in Washington repräsentieren, drohten sogar offen damit, der Ölmonarchie den militärischen Schutz der Weltmacht zu verweigern, falls Saudi-Arabien nicht seine Produktion einschränke und amerikanischen Produzenten helfe, wirtschaftlich zu überleben.[23]

Die seit Jahrzehnten bewährte Verbindung der USA mit Saudi-Arabien (Stichwort: «Sicherheit für Öl»; nunmehr ironischerweise «Sicherheit für weniger Öl») und weitere Gespräche mit Russland haben sich – vorläufig – ausgezahlt: Am 12. April 2020 einigten sich die von Saudi-Arabien angeführten OPEC-Produzenten mit Russland und den USA auf Mengenbeschränkungen. Der von den USA forcierte Deal kam zur rechten Zeit, die Märkte, deren Preise zwischenzeitlich in den Keller gerutscht waren,[24] beruhigten sich wieder. Trump wähnte sich als Gewinner, denn die Produktionsbeschränkung der USA traf die US-Produzenten nicht wirklich: Aufgrund der niedrigen Marktpreise und der Preissensitivität der amerikanischen Schieferöl- und Gasproduktion mussten sie aus wirtschaftlichen Gründen ohnehin ihre Förderung drosseln.

Sollten die Preise dank der vereinbarten Beschränkungen der anderen Produzenten jedoch wieder merklich steigen, wird wohl auch die Produktion in Amerika erneut über das vereinbarte Maß hinaus ansteigen – und damit den Deal gefährden. Um dann nicht Marktanteile an die US-Produzenten zu verlieren, würden ihrerseits Saudi-Arabien und Russland schnell ihre Produktionsbeschränkungen ignorieren – nicht zu sprechen von OPEC-Staaten wie Irak und Nigeria, die sich in der Vergangenheit ohnehin nicht an Vereinbarungen gehalten haben.[25]

Selbst wenn der immer noch aktuelle Deal auch künftig Bestand haben sollte, wird Saudi-Arabien mit Argusaugen darauf achten, seine Marktanteile in Asien – der in der Zukunft noch wichtiger werdenden Absatzregion[26] – zu verteidigen. So hat Saudi Aramco, der staatlich kontrollierte Ölgigant des Königreichs, seine Preise regional diversifiziert und für Asien niedriger angesetzt.[27] Auch über den vorläufigen Waffenstill-

stand hinaus dürfte das ressourcenhungrige China Haupt-
nutznießer dieses Preiskrieges sein. In dem absehbar härter
werdenden Kampf der Produzenten um die künftig weiterhin
schrumpfende Gesamtnachfrage wird sich die Macht der Nach-
frager und insbesondere jene des größten Energiekonsumenten
China weiter erhöhen.

Bereits heute spielt Washingtons ökonomisch wie geostrategisch kurzsichtiges Verhalten, der energiepolitische Druck
gegen seine europäischen Alliierten und Russland, Amerikas
weltpolitischem Konkurrenten China in die Hand. Westliche
Sanktionen gegen Russland haben den über ein Jahrzehnt in
der Preisfrage uneinigen russischen und chinesischen Verhand-
lungsführern zum Vertragsabschluss verholfen, den der russische Präsident bei seinem China-Besuch im Mai 2014 als «epo-
chales Ereignis» feierte.[28] Nach dem «größten Vertrag», den
Gazprom laut Aussage seines Chefs Alexej Miller je eingegangen ist,[29] soll Russland von 2018 an über 30 Jahre jährlich
38 Milliarden Kubikmeter Erdgas nach China liefern.[30]

Mit ihrer «Going-out»-Strategie[31] unternimmt die chinesische Parteiführung schon seit Längerem enorme Anstrengungen, Chinas Währungsreserven strategisch einzusetzen und so
die für die politische, wirtschaftliche und militärische Entwicklung des Landes dringend benötigten Ressourcen langfristig zu
sichern.[32] Die immensen Investitionen in Pipelines und andere
Infrastruktur kann China aufbringen; zumal Peking seit der
von den USA verursachten Wirtschafts- und Finanzkrise
2007/08 damit begonnen hat, Währungsreserven aus der sogenannten «Dollar-Falle» zu nehmen und die eigene Währung be-
hutsam zu internationalisieren.

## Wirtschaften auf Pump

Bislang sichert auch die Abrechnung von Öl- und Gasgeschäften in der amerikanischen Währung die weltweite «Dollar-Dominanz» und damit weitere wirtschaftliche Vorteile für die USA. Grundlegend dafür war ein Deal der «Schutzmacht» USA mit dem rohstoffreichen Saudi-Arabien, den am 14. Februar 1945 US-Präsident Franklin D. Roosevelt und König Ibn Saud an Bord der *USS Quincy* vereinbarten – Sicherheit für Öl. Die harte Militärmacht der USA garantiert bis heute das «Dollar-Privileg» der Supermacht. Dieses wiederum hat es den USA ermöglicht, seit Jahrzehnten über ihre Verhältnisse zu leben, zu wirtschaften und zu rüsten. Mit dem Dollar als Leitwährung müssen die USA nicht wie andere Staaten einen Risikoaufschlag in Form höherer Zinsen zahlen, sondern können enorme Mengen Geld in eigener Währung zu günstigen Konditionen leihen. Länder, die dem Sicherheitsversprechen der USA vertrauen, zollen der Weltmacht dafür wirtschaftlichen Tribut. Dank der Vermutung des «sicheren Hafens» fließen die Ersparnisse und Währungsreserven anderer Länder in die USA. Insbesondere das Ausland hat seit Mitte der 1980er-Jahre die wachsenden Staatsschulden der USA finanziert.

Doch in den vergangenen fünf Jahren reduzierte sich der Anteil des Auslandes an der Schuldenfinanzierung der USA von knapp der Hälfte auf heute nur noch ein Drittel. Das liegt zum einen daran, dass die Gesamtverschuldung hochschnellte. Zum anderen aber haben die beiden größten asiatischen Kreditgeber den USA seit 2014 merklich weniger Geld anvertraut, auch wenn Japan und China mit 1,3 bzw. 1,1 Billionen Dollar weiterhin einen Teil der Schuldenlast finanzieren.[33] Auch die erdölproduzierenden Länder reinvestieren nicht mehr wie früher fast alle Erlöse aus ihren Ölgeschäften in den USA.

Mit ihrer Zurückhaltung gefährden ausländische Kreditgeber

das bisherige, auf Pump finanzierte Geschäftsmodell der Weltmacht, das durch die amerikanische Politik gesteuert worden
ist. Denn der Geldsegen aus dem Ausland ist vor allem auch
durch die Deregulierung der Finanzmärkte erwirkt worden –
als die nach der Wirtschaftskrise der 1930er-Jahre errichtete
Brandmauer zwischen Kreditgeschäft und Investmentbanking
in der Amtszeit Bill Clintons eingerissen und es den Banken
und Private-Equity-Firmen ermöglicht wurde, mit immer ge-
ringerem Eigenkapital immer größere Geschäfte zu machen.
Insbesondere spezialisierten sich viele Finanzinstitute darauf,
Immobilienkredite an Gläubiger mit geringer Bonität zu verge-
ben und diese zweifelhaften Forderungen in vermeintliche
«Wert»-Papiere zu verpacken (der beschönigende Fachaus-
druck lautet «Strukturierung») und weltweit an renditehung-
rige Investoren zu verkaufen. Die Renditejäger investierten ru-
higen Gewissens, weil amerikanische Rating-Agenturen – in
ihrem eigenen finanziellen Interesse – diese Finanzprodukte
mit Bestnoten («AAA», sprich «Triple A») versahen. Der Kapi-
talzufluss aus dem Ausland und die durch die US-Notenbank
geförderten niedrigen Zinsen führten zu einem Geldsegen, der
es den USA erlaubte, über ihre Verhältnisse zu leben und die
soziale Ungleichheit durch Schuldenmachen zu kaschieren.
Häuser sind immer wieder beliehen worden, um auch weiteren
Konsum und sogar die Ausbildung der Kinder zu finanzieren.
Die Folgen sind bekannt: Mit der Implosion der Immobilien-
blase 2007 zerplatzte nicht nur dem einen oder anderen Anleger
in Übersee die Gewinnillusion, sondern auch der amerikanische Traum von der «Eigentümergesellschaft» und vom gren-
zenlosen Konsum und Wirtschaften auf Pump.

Während jedoch die meisten Amerikaner ihrem Schicksal
überlassen wurden, rettete die amerikanische Politik jene für
dieses unseriöse Geschäftsgebaren verantwortlichen Finanzak-
teure, die seit Jahrzehnten auch den immer teurer werdenden
politischen Betrieb in Washington mit üppigen Wahlkampf-

spenden finanziert haben. So wurden durch die Rettungsaktionen jene «systemrelevanten» Banken, die angeblich zu groß waren, um sie fallenzulassen («too big to fail»), noch größer gemacht, während die kleinen pleitegingen. Denn es galt insbesondere, die internationale Wettbewerbsfähigkeit von US-Finanzinstituten zu gewährleisten. «Wir werden so lange nicht ruhen, bis wir ... sichergestellt haben, dass New York auch für die künftigen Dekaden die Nummer eins bleibt», zitierte die *New York Times* den demokratischen Senator Charles (Chuck) Schumer, der seit Jahrzehnten den Bundesstaat New York vertritt und seit Januar 2021 Mehrheitsführer im US-Senat ist.[34]

Während einerseits das Laisser-faire bei Regulierungen selbst im Finanzsektor mehr oder weniger beibehalten wurde, hat der amerikanische Staat andererseits durchaus energisch eingegriffen und die großen US-Firmen der Wall Street, der Informationstechnologie, der Öl- und Gas- sowie der Rüstungsindustrie üppig subventioniert und ihnen noch größere Profite beschert, um die sie europäische Beobachter weiterhin beneiden. Auch dank der Politik des billigen Geldes der US-Notenbank schwimmen die Finanzinstitute und die Großunternehmen weiterhin in Geld, das ihre Manager dafür verwenden, eigene Aktien zu kaufen und mit den damit hochschnellenden Kursen den «Shareholder-Value» und ihre von diesem «Markterfolg» abhängige Bezahlung hochzutreiben.

Hohe Kurse schützen auch vor feindlichen Übernahmen und erleichtern das Aufkaufen von Wettbewerbern, insbesondere auch im Ausland. Das Geschäft mit den Firmenzusammenschlüssen und -übernahmen boomt. Ziel auch dieses – leider realen – Spiels ist es, Imperien aufzubauen und möglichst viele andere Mitspieler in die Insolvenz zu treiben. Wer an der Schlossallee (Wall Street) residiert, hat bei diesem ungleichen Spiel große Vorteile gegenüber den Bewohnern etwa der Hafenstraße (Frankfurter Börse). Insofern werden auch die im internationalen Vergleich aufgeblähten Marktkapitalisierungen der in den

USA notierten Firmen zu einer Waffe im geo-ökonomischen Konkurrenzkampf.

## Dollar-Dilemma

Es ist mittlerweile fraglich, ob die USA ihre Schulden je werden zurückzahlen können. Dafür müssten sie ein enormes, selbst tragendes Wirtschaftswachstum generieren, das nicht mehr durch weiteres Schuldenmachen getrieben wird. Oder die USA könnten sich ihrer exorbitanten Schulden durch eine ebenso exorbitante Inflation und Abwertung ihrer Währung entledigen. Die USA stecken jedoch in einem Dilemma: Einerseits ist ihnen daran gelegen, durch lockere Geldpolitik Inflation zu begünstigen und ihre Währung zu schwächen, um Schulden loszuwerden und Vorteile beim Export zu erwirken. Andererseits stößt diese Strategie an ihre Grenzen, wenn internationale Marktteilnehmer beginnen, an der Stabilität der Währung zu zweifeln.

Die US-Notenbank (Federal Reserve, kurz: Fed) gilt zwar als unabhängig, ist aber auch angehalten, die Bedürfnisse des amerikanischen Staates und der US-Wirtschaft zu berücksichtigen. So sorgte die Fed während des Zweiten Weltkrieges mit niedrigen Zinsen dafür, dass die Regierung ihre Kriegsausgaben finanzieren konnte. Indem sie massiv Geld druckt, sprich US-Staatsanleihen kauft, die vom Ausland nicht mehr finanziert werden, und damit die Zinsen niedrig hält, versucht die US-Notenbank seit der Wirtschafts- und Finanzkrise 2007/08 die US-Wirtschaft am Laufen zu halten. Mit ihren Geldspritzen konnte bislang eine Kernschmelze im Banken- und Finanzsystem verhindert werden. Der damalige US-Notenbankchef Ben Bernanke wurde in seinen Bemühungen sogar als «Helikopter-Ben» karikiert, der immer wieder im Noteinsatz Geld abwarf, um mit zusätzlicher Liquidität für die Banken der amerikanischen

Wirtschaft aus der Misere zu helfen. Die US-Notenbank senkte die Federal Funds Rate – den Zinssatz, zu dem sich Banken Geld ausleihen können – in nur kurzer Zeit von September 2007 bis Dezember 2008 in zehn eiligen Schritten von 5,25 Prozent auf 0 bis 0,25 Prozent – ein historisch niedriges Niveau, das bis heute mehr oder weniger beibehalten worden ist.

Hinzu kamen unkonventionelle Maßnahmen: In drei Runden «quantitativer Lockerung» («Quantitative Easing, QE») – ein von den meisten Finanzjournalisten kritiklos übernommener Euphemismus für «Geld drucken» – übernahm die US-Notenbank die Schulden des Staates und von Unternehmen in ihre Bücher. Indem sie langlaufende US-Staatsanleihen und durch Hypotheken «gesicherte» Wertpapiere («Mortgage-backed Securities») aufkaufte, wurde bereits im Oktober 2014 die Bilanz der US-Notenbank auf 4,5 Billionen Dollar – das Fünffache des Vorkrisenstandes – aufgebläht und damit eine selbst für viele Experten unvorstellbare Summe billigen Geldes in die Wirtschaft gepumpt.[35]

Obschon die US-Notenbank im Oktober 2014 (vorerst) aufhörte, mit weiterer «quantitativer Lockerung» zusätzliche Papiere zu kaufen, sind die fälligen Anleihen laufend durch neue ersetzt worden. Indem sie damit die Geldschwemme aufrechterhielt und die sogenannte Liquidität auf den Märkten auch nicht mit spürbar höheren Zinsen abschöpfte, ist die US-Notenbank also «weiterhin im Krisenmodus» verblieben.[36] Zwar wurde zwischenzeitlich, von Oktober 2017 bis August 2019, die Bilanz der US-Notenbank leicht korrigiert – der irreführende offizielle Begriff lautete «normalisiert» –, aber als im September 2019 die Zinsen auf dem Repo-Markt stark anstiegen, war es selbst mit dieser neuen «Normalität» schnell vorbei. Die Fed musste erneut eingreifen und wieder in großem Umfang Geld locker machen. Stand die Bilanzsumme der Fed im August 2018 noch bei 3,8 Billionen Dollar, so ist sie seit ihrer Intervention in den Repo-Markt drastisch angewachsen und hat sich mittlerweile (Stand: Ende Dezember 2021) auf 8,8 Billionen Dollar mehr als verdoppelt.[37]

Nicht ohne Grund war die Fed alarmiert: Für das reibungslose Funktionieren der Finanzmärkte ist der Repo-Markt sehr wichtig geworden, denn er ermöglicht Finanzakteuren, sich kurzfristig benötigte Barmittel zu verschaffen. Eine «Repurchase Operation» (Repo) ist eine Rückkaufvereinbarung zweier Parteien, einen Vermögenswert zu einem bestimmten Preis zu verkaufen und zu einem zukünftigen Zeitpunkt wieder zurückzukaufen. Es ist also eine Art kurzfristigs Darlehen, das durch Sicherheiten wie «Wert»-Papiere abgesichert ist. Gleichwohl ist dieser Geldmarkt Teil des Schattenbanken-Sektors, der nicht wie die Banken reguliert wird. Indem die US-Notenbank seitdem weiterhin Liquidität zur Verfügung stellt und damit die Zinsen niedrig hält, konnte sie bislang eine Kernschmelze auf den Finanzmärkten verhindern.

Denn der Ausstieg aus der lockeren Geldpolitik ist heikel, er gleicht dem Versuch, Heroin-Abhängige von einem Entzug zu überzeugen. Dementsprechend nervös bis panisch reagieren denn auch die vermeintlich «rationalen» Marktteilnehmer immer dann, wenn die Notenbank auch nur die Möglichkeit einer Reduzierung der bislang gelieferten Quantität, sogenanntes «tapering», andeutet. Wenn die US-Notenbank anstelle ihrer bisherigen «quantitativen Lockerung» weniger Anleihen und Kredite aufkaufte, würden US-Unternehmen, die mit dem billigen Geld noch mehr oder weniger gut über die Runden kommen, in große finanzielle Schwierigkeiten geraten. Zudem könnte ein erhöhtes Zinsniveau bei privaten Kreditnehmern, die wegen immer schlechter bezahlter und prekärer Arbeitsverhältnisse über ein geringes Einkommen verfügen, einen «Zahlungsschock» auslösen, wenn der höhere Zinssatz die Rückzahlungslast spürbar erhöht. Sollte die in vielen US-Haushalten wegen der COVID-19-Pandemie zusätzlich angespannte wirtschaftliche Lage noch durch Zinserhöhungen verschlechtert werden, dann würden wieder in größerem Ausmaß Kredite notleidend werden, und das würde einmal mehr die Gefahr einer Immobilien- und damit Finanzkrise heraufbeschwören. Die Hoffnungen Amerikas ruhen also weiterhin auf der US-Notenbank, die mit ihrem Geldsegen dafür sorgt, dass der amerikanische Wirtschaftstanker nicht auf Grund läuft. Damit steigt das Inflationsrisiko oder das Risiko von Blasenbildungen an den Aktienmärkten, die zu einem weiteren Crash führen könnten. Wer die Börsenwerte einiger aktuell hoch gehandelter US-Unternehmen für bare Münze nimmt, ignoriert die Tatsache, dass die aktuellen Kurse an den Börsen nicht zuletzt auch dank der Geldschwemme der US-Notenbank nach oben befördert wurden und die «Werte» sich beim Platzen einer möglichen Blase an den US-Aktienmärkten als weitere Illusion herausstellen könnten.

Doch dieser C(r)ash-Kurs wird wohl oder übel weitergeführt werden müssen. Denn auch der amerikanische Staat würde angesichts des ohnehin schon atemberaubenden Schuldenbergs durch höhere Zinsen noch schneller die bereits drohende Handlungsunfähigkeit erreichen. Die durch die US-Notenbank betriebene «Politik» des billigen Geldes wird deshalb auch eingesetzt, um die drückende Schuldenlast des amerikanischen Staates zu vermindern. Indem die Federal Reserve weiterhin Geld druckt, setzt sie zudem die amerikanische Währung merklich unter Druck. Ein schwacher Dollar verbilligt Amerikas Exporte, die damit wettbewerbsfähiger werden sollten.

Die US-Notenbank musste seinerzeit schon dem in handelspolitischen Fragen beschränkt handlungsfähigen Präsidenten Obama helfen, seine ehrgeizige Exportstrategie umzusetzen. Zwar konnte die expansive Geldpolitik und der damit geschwächte Dollar amerikanische Exportchancen kurzfristig fördern, doch langfristig bleibt ein Strukturproblem der US-Wirtschaft bestehen: Die amerikanische Industrie hat innerhalb weniger Dekaden spürbar an Wettbewerbsfähigkeit eingebüßt.

Weder Trumps Protektionismus noch dessen Fortführung durch Biden werden daran etwas ändern, solange die USA im produzierenden Gewerbe nicht wieder wettbewerbsfähiger werden. Anstatt ihre Hausaufgaben zu machen, geben Amerikas einflussreiche Köpfe indes weiterhin internationalen Wettbewerbern die Schuld an der wirtschaftlichen Misere des Landes. In einem Interview mit dem Nachrichtenmagazin *Der Spiegel* erläuterte etwa Robert E. Scott, einer der führenden Berater des Economic Policy Institute (EPI), das der Biden-Regierung nahesteht, warum unter Präsident Biden «America First» weitergeführt werde und US-Waren mithilfe einer gezielten Dollar-Abwertung weltweit wieder wettbewerbsfähig werden und Jobs aus Übersee zurückgeholt werden sollen.[38]

Mit diesem kurzsichtigen Handeln sägen die Verantwortlichen in den USA jedoch an dem ohnehin schon morschen Ast, auf dem sie noch sitzen: Die Unausgewogenheit der Außenhandelsbilanz ist neben der hohen Staatsverschuldung ein strukturelles Problem der US-Wirtschaft. Die in den vergangenen Jahren massiv angewachsene Schuldenlast stellte die USA vor keine größeren Schwierigkeiten, solange die Lieferanten ihre Erlöse in den USA reinvestierten. Sollten Investoren jedoch noch größere Zweifel an der Produktivität, Wirtschaftskraft und Geldwertstabilität der USA entwickeln und ihre Erlöse für Waren und Dienstleistungen auf anderen internationalen Finanzmärkten verwenden, würden der Dollar und die US-Wirtschaft massiv unter Druck geraten. Indem die USA eine Schwächung des Dollars in Kauf nehmen, riskieren sie also nicht nur Verwerfungen auf den internationalen Finanzmärkten, sondern schwächen auch das Vertrauen in den Dollar.

## Dollar-Dämmerung

Mit ihrer Politik des schwachen Dollars bertreiben die USA also auch ein für sie selbst gefährliches Vabanquespiel: Der damalige Weltbankpräsident Robert Zoellick warnte bereits im Sommer 2009 seine Landsleute, dass «die USA einem großen Irrtum aufsäßen, wenn sie weiterhin die Rolle des Dollar als weltweit vorherrschende Währung als ehernes Gesetz betrachteten».[39] Ebenso besorgt zeigten sich Abgeordnete und Senatoren im Kongress, dass das Grundvertrauen der Märkte in den Dollar als «sicherer Hafen in stürmischen Krisenzeiten» mit zunehmender Schuldenlast in Zweifel gezogen werden könnte und Investoren weniger bereit sein könnten, «riskante» US-Staatsanleihen zu kaufen.[40] Seit der von den USA ausgegangenen Finanzkrise 2007/08 gilt der Dollar in den Augen des damals noch größten US-Gläubigers China ohnehin nicht mehr als «sicherer Hafen». «Ob wir mehr US-Staatsanleihen kaufen werden, und wenn ja, wie viele – wir sollten diese Entscheidung gemäß Chinas eigenen Bedürfnissen und entsprechend unseres Zieles treffen, die Sicherheit und den Wert unserer Anlagen und Devisenreserven zu gewährleisten.»[41] Mit dieser Äußerung gab der damalige Premierminister Wen Jiabao den USA bereits im Januar 2009 ein deutliches Warnsignal, dass Amerika nicht unbegrenzt mit Chinas Ankäufen von Staatsanleihen rechnen könne.

Gleichwohl befindet sich China in der «Dollar-Falle»: Wenn Peking damit anfinge, in größerem Umfang US-Staatsanleihen zu verkaufen, würde der Dollar-Kurs noch drastischer sinken und die bestehenden Bestände entwerten. Man würde damit nicht nur den USA, sondern auch sich selbst massiven Schaden zufügen und ist deshalb bemüht, das «ökonomische Gleichgewicht des Schreckens» nicht nachhaltig zu stören. Deshalb versucht China seit geraumer Zeit, sich langsam, aber sicher aus dieser «Falle» zu lösen, insbesondere indem die Verantwortlichen in Peking die eigene Wirtschaft stärker auf Binnenkonsum umstellen und Chinas Exportmärkte diversifizieren. Indem China im Zuge seiner «Seidenstraßen-Initiative» weltweit Infrastruktur finanziert, damit neue Absatzmärkte entwickelt, kann es sich vom bisherigen Hauptabnehmer USA emanzipieren – dem es bislang in großen Mengen das Geld geliehen hatte, damit dieser chinesische Produkte kaufen konnte.

Um den amerikanischen Dollar als Weltleitwährung abzulösen und Investoren eine Alternative zu eröffnen, haben die Regierungen in Moskau und Peking bereits 2009, nach dem Ausbruch der von den USA verursachten Finanz- und Wirtschaftskrise, gefordert, die ins Wanken geratene Leitwährung Dollar mittel- bis langfristig abzulösen. Es ist wohl nur noch eine Frage der Zeit, bis China seine zunehmende Machtposition als größter Abnehmer bei einem Überangebot an fossilen Brennstoffen nutzen wird, um die Geschäfte in seiner Währung abzurechnen. Im Zuge seiner «Seidenstraßen-Initiative» vergibt China als Financier von Infrastrukturprojekten bereits heute seine Kredite an die teilnehmenden Länder nicht mehr nur in Dollar, sondern vermehrt auch in seiner eigenen Währung Renminbi (Yuan). Die Chefökonomin des Internationalen Währungsfonds (IWF), Gita Gopinath, und Jeremy Stein, ein Harvard-Professor und ehemaliges Mitglied des Board of Governors der US-Notenbank, warnen mittlerweile davor: «Wenn sich die Kluft zwischen chinesischen und US-amerikanischen Anteilen an den Weltexporten weit genug vergrößert, könnten wir irgendwann an einen Punkt kommen, an dem ein Renminbi-dominiertes Gleichgewicht unvermeidlich wird.»[42]

Mit ihrem Verhalten, den Dollar als wirtschaftliche Waffe zu missbrauchen, dürften die USA diesen Zeitpunkt schon früher herbeiführen. Sollte Washington mit den geo-ökonomischen Waffen seiner (Sekundär-)Sanktionen weiterhin den Bogen überspannen, könnte der Schuss nach hinten losgehen. Eine Überbeanspruchung der Sanktionen würde die internationale Rolle des Dollars schwächen, warnt auch Jeffrey Schott, ein ehemaliger Mitarbeiter im US-Finanzministerium, der heute am Peterson Institute for International Economics, einem der weltweit führenden Think-Tanks im Bereich internationale Wirtschaft, forscht.[43] Um den USA diesen Machthebel zu nehmen, arbeitet die chinesische Führung bereits daran, ein paralleles Finanzsystem, das Cross-border Interbank Payments System (CIPS), aufzubauen, das die Dollar-basierten Zahlungsmechanismen umgeht.

Im dem Maße, wie Chinas Wirtschaft, sein Handel und seine Finanzen wachsen, wird die chinesische Währung unweigerlich eine größere Rolle im globalen Finanzsystem spielen und dem US-Dollar Marktanteile streitig machen. Dieser Wettbewerb wird künftig umso stärker im digitalen Bereich der Finanz-Technologie (FinTech) ausgetragen. Die als FinTech-Spezialistin geltende Gouverneurin der US-Notenbank, Lael Brainard, die davor als Staatssekretärin im US-Finanzministerium verantwortlich für internationale Angelegenheiten war, warnte im Februar 2020, dass China bei seinen Bemühungen um eine Central Bank Digital Currency (CBDC), seiner digitalen Zentralbankwährung, «schnell vorankommt» und dass es «angesichts der wichtigen Rolle des Dollars notwendig ist, dass wir an der Spitze bei der Erforschung und politischen Entwicklung von CBDC bleiben.»[44] Auch als sie dann später, im August 2020, ankündigte, dass die Federal Reserve Bank of Boston und das Massachusetts Institute of Technology (MIT) im Rahmen einer Digital Currency Initiative (DCI) beim Aufbau und der Erprobung einer «hypothetischen digitalen Währung» zusammenarbeiten würden, verwies sie auf China und erklärte, dass mit diesen Initiativen sichergestellt werden soll, dass die USA auch bei Innovationen im Währungs- und Zahlungsbereich an der Weltspitze bleiben.[45] Es ist bezeichnend, dass die FinTech-Spezialistin Brainard von US-Präsident Biden im November 2021 zur Stellvertretenden Vorsitzenden der US-Notenbank nominiert wurde.

Während China die geo-ökonomischen Implikationen der Währungspolitik klar erkannt hat und Schritte unternimmt, um den Dollar perspektivisch als Weltleitwährung abzulösen, fehlt es in Europa an entsprechenden Versuchen. Zwar nimmt weltweit der Anteil des Euro an den Währungsreserven zu, aber Initiativen, den Euro zu einem geo-ökonomischen Machtmittel zu entwickeln, gibt es bislang nicht. Dabei könnten europäische Staaten und institutionelle Anleger ihre Kapitalreserven gewinnbringender und strategisch sinnvoller in den Euro und die ökonomische und militärische Ertüchtigung Europas investieren, als die Verschuldung der USA zu finanzieren. So würde der Kontinent für den geo-ökonomischen Wettkampf gewappnet. Voraussetzung dafür wäre allerdings ein tiefer, liquider Markt sicherer EU-Anleihen, der den globalen Anlegern erlauben würde, ihr Geld statt in US-Staatsanleihen in auf Euro lautenden europäischen Bonds zu parken. Das würde Zukunftsinvestitionen ermöglichen und wäre hilfreich, um den Euro zu einer globalen Leitwährung weiterzuentwickeln. Ein starker Euro sichert der EU nicht nur wirtschaftliche Handlungsfähigkeit, sondern auch die Möglichkeit einer eigenständigen europäischen Außen- und Sicherheitspolitik.

## Währungsfragen sind Machtfragen

Dass Währungsfragen auch Machtfragen sind, wird weniger in Europa, umso besser jedoch in den USA und China verstanden. Mit der Ankündigung seines ehrgeizigen Plans einer weltweiten Kryptowährung namens «Libra» rief Facebook-Chef Mark Zuckerberg im Sommer 2019 weltweit die Verantwortlichen der Banken, Notenbanken und Politik auf den Plan. Denn Facebook hatte nichts Geringeres vor, als in Kooperation mit Kreditkartenfirmen wie Visa und Mastercard über sein eigenes, weltweit über 2,3 Milliarden Nutzer umspannendes soziales Netzwerk – zu deren Plattform mittlerweile auch der Instant-Messaging-Dienst «WhatsApp» und «Instagram» (ein bei Jugendlichen ebenso beliebter Onlinedienst zum Teilen von Fotos und Videos) gehören – mit einem globalen Frontalangriff auf das Zahlungsverkehr-Geschäft der Banken und auch auf die Notenbanken die Finanzwelt im Sturm zu erobern. Nach mächtigem politischen Gegendruck, nicht zuletzt auch der US-Regierung und Notenbank, wurde das ursprüngliche «Libra»-Konzept mittlerweile auf ein bescheideneres Format namens «Diem» reduziert. Zuckerberg holte im Mai 2021 reumütig die vorher in Genf ansässige Stiftung wieder heim nach Kalifornien, und auch wenn das Projekt voraussichtlich scheitern wird, hat es die gute alte Welt der Zentralbanken verändert.

Denn Facebooks Vorstoß schreckte insbesondere die Verantwortlichen in Peking auf und bewog die chinesische Regierung, ihre Bemühungen zu beschleunigen, alsbald eine eigene «digitale Währung» und «elektronische Zahlungen» einzuführen. Chinas Verantwortliche befürchten, dass ein amerikanisches Großunternehmen wie Facebook, das über ein umfassendes globales Netzwerk an Nutzern verfügt, den chinesischen Unternehmen den Rang ablaufen und sogar Chinas Währungssouveränität untergraben könnte. Wenn Facebook eine global dominierende digitale Währung einführe, die mit dem Dollar verbunden sei, würde ein Währungssystem mit «einem Boss, dem Dollar, Amerika», zementiert, warnte Wang Xin, Forschungsdirektor der chinesischen Notenbank, der People's Bank of China (PBoC).[46]

Um dieses Szenario zu verhindern und dieses Wettrennen zu gewinnen, arbeiten Mu Changchun, Leiter der «Forschungsabteilung Digitale Währung» der PBoC, und seine Mitarbeiter sprichwörtlich Tag und Nacht.[47] Seit April 2020 wird denn auch schon Feldforschung betrieben. Chinesen (und Urlauber aus dem Ausland) haben seitdem bereits über ihr Smartphone mit einem digitalen Yuan bei ausgewählten Einzelhändlern in zunächst vier chinesischen Großstädten bezahlt. Dieses Pilotprojekt wurde nunmehr auf zahlreiche Städte und Tausende weitere Einzelhändler ausgeweitet. Die chinesische Notenbank hat bereits damit begonnen, die Offline-Zahlungsfunktionalität auszuprobieren, und sie arbeitet mit der Hongkonger Währungsbehörde zusammen, um grenzüberschreitende Nutzungen zu testen. Der landesweite, «nationale Start» des «elektronischen Yuan», des «eCNY», sollte noch vor den vom 4. bis zum 20. Februar 2022 angesetzten Olympischen Winterspielen in Peking erfolgen.

Das Potenzial der Verbreitung seiner digitalen Währung wäre enorm, wenn man die Bevölkerungszahl Chinas und seine weltweiten handelspolitischen Ambitionen betrachtet, die bislang noch keine Entsprechung im Finanzbereich haben. Seit 2016 ist nach den Angaben des Internationalen Währungsfonds (IWF) der Anteil des Yuan an den weltweiten Devisenreserven auch schon etwas gestiegen, stagnierte aber in den letzten Jahren bei rund zwei Prozent.[48] Ebenso wenig lassen die Daten des weltweiten Zahlungssystems der Society of Worldwide Interbank Financial Telecommunication (SWIFT) erkennen, dass der Yuan gegenüber dem Dollar an Boden gewinnt: Bislang werden weltweit nur 2,5 Prozent der grenzüberschreitenden Zahlungen in Yuan abgewickelt.[49] Solange Peking mehr Wert auf die innere, wirtschaftliche und politische Stabilität legt, und diese durch Kapitalmarktkontrollen beschützt, bleibt der Yuan in seiner internationalen Nutzung eingeschränkt und dem Dollar unterlegen.[50]

Gleichwohl können mit einem digitalen Yuan bereits heute die Einkäufe von Chinesen im Ausland abgewickelt – und wohl auch überwacht werden. Die Überwachungsfunktion, vor al-

lem im Inland, dürfte vorerst die Hauptmotivation für die Einführung der digitalen Währung sein. Mit ihrem alle Lebensbe-
reiche und damit auch finanzielle Transaktionen umfassenden
«Sozialkredit-System» will Chinas Führung die Bevölkerung
nicht nur kontrollieren, sondern auch steuern, indem sie durch
die Vergabe oder den Abzug von «Punkten» die Bürger für
wünschenswertes Verhalten belohnt bzw. für unerwünschtes
Verhalten bestraft.

## Systemwettbewerb

Sollte es China gelingen, sein eigenes autoritär-digita-
les Modell über Teile Asiens und Afrikas hinaus weltweit zu
implementieren, würde dies nicht nur europäische (und transatlantische) Bemühungen untergraben, gemeinsame globale
Standards bei aufstrebenden Technologien und Künstlicher In-
telligenz (KI) zu entwickeln, sondern auch autoritären Versu-
chungen von Regierungen, selbst demokratischer Regime, Vor-
schub leisten.

Der Westen, der unter der Führung des «neuen» US-Präsidenten, seine Werte im Systemwettbewerb mit China nun wieder aggressiver betont, vergisst dabei, dass die amerikanische
Demokratie vor allem im Innern existenziell bedroht ist. Seitdem die USA in den «Globalen Krieg gegen den Terror» gezogen sind, haben sie ihre Werte auf dem Altar der Sicherheit
geopfert. Amerika hat sich in diesem bis heute andauernden
Kriegszustand vom Rechts- zum Sicherheitsstaat entwickelt,
der nicht nur die Freiheitsrechte seiner Bürger, sondern vor allem auch jene von Ausländern massiv einschränkt.[51]

Barack Obamas Wahl zum 44. Präsidenten der Vereinigten
Staaten von Amerika gab zwar Anlass zur Hoffnung auf einen
Kurswechsel. «Change we can believe in» hatte sein Wahl-
kampfmotto gelautet, und in seiner Antrittsrede verurteilte er

die Politik seines Vorgängers: «Wir verweigern uns der irreführenden Wahlmöglichkeit zwischen unserer Sicherheit und unseren Idealen.»[52] Doch dem Verfassungsjuristen Obama ist es nicht gelungen, die inneren Kollateralschäden des «Globalen Krieges gegen den Terror» und den internationalen Ansehensverlust der einstigen liberalen Vorbilddemokratie zu reparieren. Obama scheiterte in seiner achtjährigen Amtszeit an der Aufgabe, den nationalen Sicherheitsstaat wieder zurückzubauen.

Die Regierungschefs von Amerikas Rivalen wie die deutsche Bundeskanzlerin hätten sich also nicht wundern dürfen, dass sie ausspioniert werden, wenn sogar amerikanische Bürger und sogar deren Volksvertreter nicht mehr sicher vor ihren Geheimdiensten sind. Denn auch im Inneren hat die einstige Vorbilddemokratie Liberalität preisgegeben. Zwar konnte im Juni 2015 – zwei Jahre nachdem durch die Enthüllungen Edward Snowdens bekannt geworden war, dass auch Amerikaner in großem Umfang überwacht wurden – eine Reform beschlossen werden. Der sogenannte USA Freedom Act bezieht sich aber nur auf amerikanische Staatsbürger. Ausländer dürfen nach wie vor ungehindert ausspioniert werden. Die Massenspeicherung von Telefonverbindungsdaten amerikanischer Bürger übernehmen jetzt die Telefongesellschaften. Sicherheitsdienste wie die NSA sollen künftig nur noch nach Genehmigung eines nicht öffentlichen Spezialgerichts auf die Daten zugreifen können.

Der Überwachungsapparat hat aber andere Mittel und Wege, um das Verhalten amerikanischer Bürger zu kontrollieren. Nachrichtendienste können die Kommunikation sozialer Netzwerke nicht nur observieren, sondern sie auch beeinflussen und unliebsame politische Bewegungen zersetzen. Unter anderem legen sie Dossiers über Führungsfiguren sozialer Bewegungen an und versuchen, diese mit diskreditierenden Informationen zu diffamieren, so der Geheimdienstexperte Erich Schmidt-Eenboom.[53] So gingen US-Geheimdienste auch gegen investigative Journalisten und Medien vor, die ihre Praktiken kritisiert hatten. Wer staatlichen Machtmissbrauch aufdeckt und eindämmen will, muss damit rechnen, dass er als Krimineller oder gar Landesverräter gebrandmarkt und verfolgt wird.[54] Dabei gehen die Geheimdienste nicht gerade zimperlich vor.

Nicht einmal die parlamentarischen Aufsichtsorgane, die den Machtmissbrauch der Geheimdienste verhindern sollten, sind vor den Spähangriffen und den Manipulationen, etwa der CIA, sicher. Selbst Senatorin Dianne Feinstein, die die Arbeit der Geheimdienste stets mit Wohlwollen unterstützte, wurde ein Opfer der Attacken der CIA, als der von ihr geleitete Ausschuss die Wirksamkeit von Folterpraktiken der Sicherheitsdienste prüfte. Feinstein stellte die für eine liberale Demokratie grundlegende Frage, auf die es bisher keine Antwort gibt, ob die Aktivitäten der CIA künftig vom Kongress überprüft werden können oder «ob unsere Arbeit vereitelt werden kann durch jene, die wir beaufsichtigen».[55] Nachdem CIA-Direktor John Brennan zunächst damit gedroht hatte, auch noch das Federal Bureau of Investigation (FBI), also die Strafverfolgungsbehörde und den Inlandsgeheimdienst, auf die Senatsmitarbeiter anzusetzen, um deren angeblich kriminelle Handlungen zu untersuchen, musste er im Sommer 2014 zugeben, dass die Computer der Senatsmitarbeiter von seiner Behörde gehackt wurden und Dokumente, unter anderem ein CIA-interner Untersuchungsbericht über Folter, verschwunden waren. Dafür «entschuldigte» er sich. Eigentlich ist der Präsident verantwortlich dafür, was in «seiner» Exekutive geschieht. Entweder Obama wusste nichts davon, dann wäre die amerikanische Demokratie in großer Gefahr. Oder er war im Bilde, dann hätte auch er mitgeholfen, die Machtbalance zwischen der Legislative und der Exekutive, die sogenannten «checks and balances», auszuhebeln – das wäre ein nicht minderes Problem für die ehedem liberale Vorbilddemokratie.

Wer sich in Europa diese bedrohlichen Entwicklungen in der defekten US-Demokratie vergegenwärtigt, sollte auch nicht überrascht sein, dass das autokratische Herrschaftssystem Chinas umso mehr Überwachungstechnologien einzusetzen versucht. Oder um es aus amerikanischer Sicht noch etwas verständlicher zu formulieren: Wer in der Lage ist, selbst in einer Demokratie seine eigenen Bürger auszuspionieren, traut diese Fähigkeiten auch einem autokratischen Gegner zu. Am 7. Juli 2020 behauptete etwa FBI-Direktor Christopher Wray, dass China «unter Einsatz aller notwendiger Mittel die einzige Supermacht der Welt» werden wolle, und warnte vor dessen umfangreichen Bemühungen, Amerikaner auszuspionieren, zu beeinflussen und zu kooptieren. Am 17. Juli warf US-Justizminister William Barr Hollywood-Studios und Amerikas Tech-Giganten vor, zu Spielfiguren, zu «Bauern chinesischen Einflusses», geworden zu sein. Und am 23. Juli erklärte US-Außenminister Mike Pompeo, dass Chinas Präsident Xi Jinping in einen jahrzehntelangen Kampf um die globale Vorherrschaft verwickelt sei und dass sich die USA und andere Demokratien dagegen wehren müssten.[56]

Um ihrer harschen Rhetorik gerecht zu werden und Freund und Feind ihre Entschlossenheit zu zeigen, handelte die Trump-Administration kompromisslos. Wer nicht für uns ist, ist gegen uns, lautete die neue Ansage an die Alliierten. Um nicht das Wohlwollen der «Schutzmacht» zu verspielen, gab Großbritannien nach längerem Abwägen schließlich doch dem massiven Druck der US-Administration nach und kündigte an, Produkte des chinesischen Unternehmens Huawei von seinen 5G-Telekommunikationsnetzen auszuschließen. Die US-Regierung drohte offen damit, Deutschland keine Geheimdienstinformationen mehr zu geben und deutsche Firmen, die mit dem chinesischen Anbieter Huawei weiterhin Geschäfte machen, zu sanktionieren. Deutschland wird von seiner «Schutzmacht» USA – auch unter der neuen Biden-Regierung – vor die Wahl gestellt: sich entweder von den Chinesen oder den USA selbst ausspionieren zu lassen.

Nach Einschätzung des Geostrategen Walter Russell Mead waren die USA in der Lage, ihre wirtschaftliche und militärische Dominanz zu bewahren, weil sie in den zurückliegenden 100 Jahren sehr schnell und wirksam die zivile und militärische Nutzung neuer Kommunikationsformen, darunter Radio, Fernsehen, Satelliten und das Internet, etabliert und beherrscht haben.[57] Trotz gegenteiliger Wahrnehmung (auch der meisten Amerikaner) hat der amerikanische Staat dabei seit jeher eine wichtige Rolle gespielt, indem er Innovationsleistungen selbst erbrachte oder indirekt ermöglichte, indem er Forschung und Entwicklung finanzierte. «Es gibt eine Fülle an Beispielen, die belegen, dass Militärtechnologie extrem wichtig für das Wachstum des privaten Sektors gewesen ist», hob der ehemalige Notenbankchef Ben Bernanke 2015 bei einer Diskussionsveranstaltung der Brookings Institution hervor, die sich mit den Kürzungen des Verteidigungsetats und deren negativen Folgen für die US-Wirtschaft beschäftigte.[58] Zwar gab der Wirtschaftswissenschaftler zu bedenken, dass das Geld besser in Grundlagenforschung außerhalb des Militärs investiert gewesen wäre. Aber das politische System der USA sei eben denkbar schlecht geeignet, dafür zu sorgen, dass im zivilen Bereich langfristige Investitionen mit unsicherem Ausgang getätigt würden. «Mangels einer stetigen, dringend erforderlichen nichtmilitärischen Entwicklungsstrategie», sekundierte sein Kollege Mark Muro, «dienten Verteidigungsausgaben als verdeckte Industriepolitik».[59] Die Spitzenstellung amerikanischer Firmen etwa in der Rüstungstechnologie, im Luft- und Raumfahrtwesen, aber auch im IT-Sektor wäre ohne staatliches Zutun – im mehrfachen Wortsinn – «undenkbar» gewesen. Das Internet – die Grundlage der amerikanischen IT-Industrie – wurde in Militärkreisen entwickelt. Das war jedoch nicht nur Industriepolitik, sondern auch geheimdienstlich-militärisches Kalkül.

## Digitale Dominanz

«Das Geschäftsmodell von Online-Plattformen hat Auswirkungen – nicht nur auf den freien und fairen Wettbewerb,
sondern auch auf unsere Demokratien, unsere Sicherheit und
die Qualität unserer Informationen. Deshalb müssen wir diese
immense Macht der großen Digitalunternehmen begrenzen,»
forderte Kommissionspräsidentin von der Leyen, ohne die
amerikanischen Weltkonzerne beim Namen zu nennen.[60] Die
üblichen Verdächtigen drängen sich ohnehin auf: Die Marktmacht des 1998 in Kalifornien gegründeten Unternehmens
Google sucht ihresgleichen. Die von Sergey Brin und Larry
Page bereits während ihres Studiums entwickelte Suchmaschine
dominiert immer stärker den Markt. Google ist heute der zentrale Ort für kontextbezogene Werbung im Internet. Denn um
«kostenlos» in Sekundenbruchteilen Informationen im Internet
recherchieren zu können, geben Milliarden von Menschen täg-
lich ihre Nutzerdaten und Privatsphäre preis. In ebenso atem-
beraubender Geschwindigkeit wurde Google durch die an die
Werbeindustrie weiterverkauften Daten zum Marktführer in
der Medien- und Online-Technologie-Branche. Hinzu kommt,
dass Google auch mit Android bei mobilen Betriebssystemen
für Smartphones und Tablets, mit Chrome bei Browsern, mit
Youtube bei Online-Videos und mit Gmail bei E-Mail-Diens-
ten Marktführer ist. Um seine verschiedenartigen Geschäftsbe-
reiche – darunter Google Fiber, das in den USA mehrere Städte
mit Internet über Glasfaserkabel versorgt, die medizinische
Forschungssparte Calico, Google X, das unter anderem selbst-
steuernde Autos entwickelt, oder der Kartendienst Google
Maps – unter ein Firmendach zu bekommen, gründete der
Konzern bereits im Sommer 2015 eine Holding mit dem Namen Alphabet. Kenner der Industrie vermuten, dass Google
mit der angepassten Konzernstruktur einer möglichen Regulie-

rung durch die U.S. Federal Communication Commission vorbeugen will, sollte eine US-Regierung je auf den Gedanken kommen, auch Internetinhalte wie den E-Mail-Dienst, Googles Suchfunktion oder den Kartenservice zu regulieren.[61]

Allein die schiere Größe dieser Konzerne, insbesondere aber das Wissen um die Interessen, Kaufpräferenzen, ja Gewohnheiten ihrer Kunden, bedeutet wirtschaftliche und soziale Macht. Wie ein auktorialer, allwissender Sprecher eines Romans oder Films, der Gott ähnlich weiß, was seine Figuren bewegt, gab der frühere Google-Chef Eric Schmidt zu bedenken: «Wir wissen, wo du bist. Wir wissen, wo du warst. Wir können mehr oder weniger wissen, was du gerade denkst.»[62] Wer die Interessen, Kauf- und Lebensgewohnheiten von Menschen erfasst, könnte sie vielleicht auch beeinflussen wollen.

Die Marktmacht des Megakonzerns – über 90 Prozent der Suchanfragen laufen in Europa über Google – hat die Monopolaufsicht der Europäischen Union auf den Plan gerufen. Wegen seiner marktbeherrschenden Stellung hat die EU-Kommission seit 2020 drei kartellrechtliche Ermittlungen gegen Google eingeleitet. Des Weiteren soll das Geschäftsgebaren von Amazon auf den Prüfstand, um zu verhindern, dass der Konzern seine beherrschende Stellung im Bereich der Marktplatz-Dienste insbesondere in Frankreich und Deutschland ausweiten kann. «Wir müssen verhindern, dass Plattformen mit Marktmacht, die auch selbst über die Plattform verkaufen, wie etwa Amazon, den Wettbewerb verzerren», begründete EU-Wettbewerbskommissarin Margrethe Vestager im November 2020 das Kartellverfahren gegen den Online-Händler.[63] Einmal mehr sind europäische Kartellwächter kritischer als ihre amerikanischen Kollegen – auch, um Europas Interessen in der neuen digitalen Welt zu wahren. Denn im digitalen Bereich ist Europa weitgehend abhängig von amerikanischen Konzernen. Europäische Pendants zu Facebook, Amazon, Microsoft oder Google sucht man vergeblich.

## Fehlende «digitale Souveränität»

Es wäre im gesamteuropäischen Interesse, gemeinsam gegen die machtpolitisch unterfütterte Marktmacht amerikanischer und chinesischer Großkonzerne beim Ausbau der Internet-Infrastruktur vorzugehen. Um das Geschäft mit ihren internetbasierten Dienstleistungen zu befördern, investieren die großen amerikanischen Tech-Unternehmen mittlerweile auch in Internet-Infrastruktur. Ebenso unterstützt die chinesische Führung durch massive Investitionen über ihre «Digitale-Seidenstraßen-Initiative» Chinas Unternehmen, allen voran Huawei, beim Bau und Betrieb von Unterwasserkabeln.[64]

Wem sie gehören und welche Routen sie nehmen, sind zu Machtfragen eines härter werdenden geo-ökonomischen Wettbewerbs zwischen den USA und China geworden, bei dem Europa bislang nur die Zuschauerrolle einnimmt.[65] China und die USA sind der EU in ihrem Einfluss auf die Internet-Infrastruktur und die Staaten, die davon abhängig sind, weit voraus. Das ist nicht ohne Belang, denn Unterwasserkabel spielen eine entscheidende Rolle für die wirtschaftliche Entwicklung und Sicherheit (unter anderem den Datenschutz) von Staaten. 97 Prozent des Internetverkehrs und 10 Billionen US-Dollar an täglichen Finanztransaktionen laufen über Unterwasserkabel.[66] Unternehmen und Staaten können auf Daten zugreifen, die über die von ihnen verwalteten digitalen Kabel übertragen werden.

Während die USA und China jeweils mit all ihrer außenpolitischen und wirtschaftlichen Macht dafür sorgen, die besten Bedingungen für ihre Unternehmen zu schaffen und deren Interessen zu fördern, indem sie unter anderem auch Regulierungsstandards auferlegen und Partnerschaften zwischen den tangierten Ländern fördern, hat es die EU bislang noch nicht einmal geschafft, die Interessen ihrer einzelnen Mitgliedstaaten zu bündeln und damit auch mehr wirtschaftliches und außenpolitisches Gewicht zu entfalten. Anstatt gemeinsame europäische Interessen zu verfolgen, konkurrieren EU-Mitgliedstaaten und in der EU ansässige Unternehmen bei der Finanzierung und dem Bau von Internet-Infrastrukturen und der Pflege diplomatischer Beziehungen mit den Transit- und Zielländern von Unterwasserkabeln. Solange die Befugnis zur Erteilung von Lizenzen für den Aufbau digitaler Infrastrukturen allein bei den Mitgliedstaaten liegt, bleibt eine gemeinsame europäische Politik im Digitalsektor eine rhetorische Worthülse. Unter anderem geographisch und historisch bedingt verfolgen etwa italienische, französische und spanische Unternehmen, namentlich Telecom Italia Sparkle, Orange und Telxius, jeweils ihre eigenen Initiativen, um Europa mit dem benachbarten Afrika und dem Nahen Osten zu verbinden. Diese Initiativen sind derzeit nicht koordiniert und beinhalten häufig auch Kooperationen mit dominanten, miteinander konkurrierenden chinesischen und amerikanischen Unternehmen.[67]

Doch ohne eigene digitale Kapazitäten bleibt Europa unfähig, gegenüber den USA und China im Technologiebereich seine «digitale Souveränität» zu wahren und läuft Gefahr, im härter werdenden geo-ökonomischen Wettbewerb um die technologische, wirtschaftliche und militärische Vorherrschaft in einer neuen Weltunordnung aufgerieben zu werden. Der weltumspannende Konflikt zwischen den USA und China wird inzwischen gerne mit der historischen Auseinandersetzung des Westens mit der Sowjetunion verglichen. Doch die heutige sino-amerikanische Rivalität sprengt die traditionellen, eher statischen, weil nur auf geographische Räume fixierten geopolitischen Horizonte des Kalten Krieges. Moderne geostrategische Vordenker wie der Yale-Professor Walter Russell Mead verdeutlichen der politischen Führung ihres Landes schon seit geraumer Zeit, etwa in einer Anhörung vor dem amerikanischen Kongress im Oktober 2015,[68] dass die Weltmacht USA künftig

noch mehr darauf achten müsse, die globalen Finanz-, Wäh-
rungs-, Handels- und Informationsströme in ihrem Interesse
zu kontrollieren. Es gehe weniger darum, weltweit strategisch
wichtige Landmassen zu beherrschen, wie es Geopolitiker der
alten Schule noch im Sinn haben, sondern um die «Räume da-
zwischen».

Während China diese wichtigen Lebensadern mit seiner
umfassenden «Seidenstraßen-Initiative» zu kontrollieren sucht,
um den Welthandel und die Weltpolitik in seinem Sinne neu zu
ordnen, wappnen sich Geostrategen in den USA mit einer alle
Politikfelder (Wirtschafts-, Finanz-, Energie-, Außen-, Sicher-
heits- und Militärpolitik) umfassenden «Grand Strategy» dagegen. Deutschland und Europa sind unversehens zwischen die
Fronten geraten. Und wegen ihrer Strategie- und Handlungsunfähigkeit verpassen sie es derzeit, sich politisch und wirtschaftlich für den härter werdenden globalen Wettbewerb zu
stärken und ihre Interessen zu verteidigen.

## Europäische Souveränität:
## Leitlinien einer neuen Außenpolitik

Deutschland ist eine der international verflochtensten und somit am meisten verwundbaren Volkswirtschaften der Welt. Um nicht zum Kollateralschaden des neuen weltumspannenden Konflikts zwischen China und den USA zu werden und sich in der neuen Weltordnung zu behaupten, muss Deutschland auf ein starkes und handlungsfähiges Europa setzen. So steht es auch im Koalitionsvertrag von SPD, Grünen und FDP. Doch was heißt das konkret? Aus den Analysen der vorangegangenen Kapitel lassen sich eine Reihe von Schlussfolgerungen und Empfehlungen für zentrale Politikfelder ableiten, die bei der Neuausrichtung deutscher und europäischer Politik helfen können:

### Handelspolitik

• Insbesondere am Beispiel der von der Trump-Regierung verhängten und auch von der Biden-Administration im Prinzip weiter forcierten Stahl- und Aluminiumzölle wird deutlich, dass sich die EU in der Handelspolitik nicht mehr auf ihren traditionellen Status als Verbündeter verlassen kann, sondern wie alle anderen Staaten mit den USA Abkommen aushandeln muss, die amerikanische Interessen stärker berücksichtigen. Um dagegenzuhalten und als ebenbürtiger Verhandlungspartner ernst genommen zu werden, sollte die EU künftig besser mit dem Pfund ihrer Marktgröße wuchern.

- Durch Diversifizierung kann Europa seine Abhängigkeit vom US-Markt mindern, indem es weitere bilaterale und regionale Freihandelsabkommen abschließt, die alternative Märkte öffnen und auch europäische Normen und Standards exportieren.

- Nach den erfolgreichen Abkommen mit Kanada und Japan sollte die EU weitere Anstrengungen unternehmen, um die Verhandlungen mit den Staaten des «Gemeinsamen Marktes Südamerikas» (MERCOSUR) und des «Verbandes Südostasiatischer Nationen» (ASEAN) sowie Australien, Neuseeland und Indien voranzubringen. Denn dieses weltweite Netz an Abkommen würde umso wichtiger, wenn das regelbasierte multilaterale Handelssystem weiter zerbrechen sollte.

- Für den Fall, dass die USA auf Dauer die Neubesetzung von Stellen des «Appellate Body» blockieren und damit das rechtlich bindende Streitschlichtungsverfahren der Welthandelsorganisation (WTO) permanent außer Kraft setzen, sollte die EU mit gleichgesinnten Ländern für ein multilaterales Streitschlichtungssystem ohne die USA werben.

- Mangels einer internationalen Koordination könnte ein protektionistischer Wettlauf der Nationen wieder dazu führen, dass sich die makroökonomischen Ungleichgewichte verschärfen und sich (wie in der Wirtschafts- und Finanzkrise 2008) einmal mehr entladen. Globale Ungleichgewichte werden nicht durch Zölle und das Durchtrennen von Wertschöpfungsketten verringert, wie es auch die Biden-Regierung versucht, sondern durch langfristige, strukturelle Anpassungsprozesse: Überschussländer wie Deutschland sollten weniger sparen, also mehr konsumieren und investieren. Defizitländer wie die USA hingegen sollten mehr sparen.

- Deutschland kann durch Steigerung seiner Binnennachfrage und durch weitere Investitionen, vor allem im Rahmen der Digitalisierung und im Bildungsbereich, dafür sorgen, den Leistungsbilanzüberschuss abzubauen – auch im Interesse der europäischen Partner.

## Finanz- und Währungspolitik

• Sinkende Fremdfinanzierung würde den Druck auf die USA erhöhen, besser zu haushalten. Denn es sind vor allem auch Leistungsbilanz-Defizitländer wie die USA, die durch ihr riskantes Finanzgebaren makroökonomische Ungleichgewichte befördern: 2007/08 haben sie damit die Weltwirtschaft kurz vor den Kollaps geführt, auch viele europäische Anleger um ihre Vermögen gebracht und die Eurozone in eine Krise gestürzt.

• Europäische Staaten und institutionelle Anleger sollten ihre Kapitalreserven in den Euro sowie die ökonomische und militärische Ertüchtigung Europas investieren, um den Kontinent für den geo-ökonomischen Wettkampf zu wappnen. Nur der europäische Verbund gewährleistet Marktmacht und Handlungsoptionen, damit Europas Länder weiterhin selbstbestimmt wirtschaften und leben können. Ein tiefer, liquider Markt sicherer EU-Anleihen würde Zukunftsinvestitionen ermöglichen und wäre hilfreich, um den Euro zu einer globalen Leitwährung weiterzuentwickeln. Ein auf diese Weise gestärkter Euro würde der EU nicht nur wirtschaftliche Handlungsfähigkeit sichern, sondern auch die Möglichkeit einer eigenständigen europäischen Außen- und Sicherheitspolitik.

• Da das Zwillingsdefizit (Haushalts- und Handelsdefizit) der USA auch eine Folge der Dollar-Dominanz ist, sollte die strukturelle Überbewertung des Dollars verringert werden. Zusammen mit Frankreich und als Kooperationsanreiz für China könnte die neue Bundesregierung auf der multilateralen Ebene der Gruppe der sieben wichtigsten Industrieländer oder besser: der 20 wichtigsten Industrie- und Schwellenländer (G7 bzw. G20) dafür werben, die Sonderziehungsrechte des Internationalen Währungsfonds (IWF) zu einer supranationalen Reservewährung auszubauen. US-Regierungsvertreter könnten dann nicht mehr ins Feld führen, dass ein zu starker Dollar Amerika schade.

- Die USA werden weiterhin versuchen, sich durch Verbilligung des Dollars eines Gutteils ihrer Schulden zu entledigen. Denn es ist mittlerweile fraglich geworden, ob die Weltmacht ihre exorbitanten Schulden je zurückzahlen kann. Solange die Vereinigten Staaten kein selbst tragendes Wirtschaftswachstum ohne weiteres Schuldenmachen generieren, kann nur eine lockere Geldpolitik der US-Notenbank durch Inflation und die Schwächung des Dollars die Schuldenlast verringern.

- Mit ihrer «Politik» des schwachen Dollars gehen die USA ein für sie selbst gefährliches Vabanquespiel ein. Denn die internationalen Marktteilnehmer könnten beginnen, an der Stabilität der amerikanischen Währung zu zweifeln. Der Missbrauch des Dollars als außenpolitische Waffe, eine Überbeanspruchung der (Sekundär-)Sanktionen, schwächt ebenso sein internationales Standing.

- Ob der Euro und der chinesische Yuan künftig eine größere Rolle im globalen Finanzsystem spielen und dem US-Dollar Marktanteile streitig machen werden, wird nicht nur durch Europas und Chinas Anteile an den Handels- und Finanzbeziehungen, sondern auch durch den Wettbewerb im digitalen Bereich der sogenannten Finanz-Technologie (FinTech) entschieden. Deshalb sollte auch Europa seine Bemühungen um eine Central Bank Digital Currency (CBDC), eine digitale Zentralbankwährung, ausbauen.

- Es ist das Gebot der Stunde, Europas politische Einheit und damit auch den Wirtschafts- und Währungsraum im globalen geo-ökonomischen Wettbewerb zu stärken. Damit wird verhindert, dass die erneut anschwellenden makroökonomischen Ungleichgewichte wieder durch einen größeren Schock korrigiert werden – der das nächste Mal nicht mehr mit dem Geldsegen der Notenbanken aufgefangen werden kann.

- Es ist höchste Zeit, dass die Geldpolitik der Notenbanken durch Wirtschafts- und Finanzpolitik entlastet wird. Im Kampf gegen die COVID-19-Wirtschaftskrise haben die EU-Staaten bereits das größte Haushalts- und Finanzpaket ihrer Geschichte in Höhe von 750 Milliarden Euro verabschiedet, um dieses Geld in die Krisenbewältigung und die ökonomische und ökologische Zukunft Europas zu investieren.

## Umwelt- und Energiepolitik

- Mit ihrem «Green Deal» kann die EU die COVID-19-Wirtschaftskrise auch für den Übergang zu einer modernen, ressourceneffizienten und wettbewerbsfähigen Digitalwirtschaft nutzen.
- Mit der Förderung von erneuerbaren Energien und Umwelttechnologien könnte sich das ressourcenarme, aber innovationsreiche Europa aus der Abhängigkeit fossiler Brennstoffe und von deren von autokratischen Führern in problematischen Weltregionen beeinflusster Preisbildung befreien. Mit der Transformation im Energiesektor kann eine Machtverschiebung bewirkt werden: von denjenigen, die fossile Brennstoffe exportieren und deren Preise kontrollieren, hin zu denen, die die grünen Technologien der Zukunft beherrschen.
- Mit Wind- und Solartechnik könnte Europa auch noch viel mehr Energie aus grünem Wasserstoff erzeugen. Eine Reihe von Ländern Afrikas wären geographisch und politisch geeignet, um auf beiden Seiten neue kooperative Wachstumsmodelle auf Grundlage erneuerbarer Energien zu etablieren.
- Der grüne Übergang zu nachhaltigeren und widerstandsfähigeren Volkswirtschaften wird jedoch nicht in eine Welt ohne Konflikte oder geopolitischen Wettbewerb führen. Denn die dafür benötigten knappen Rohstoffe werden von Ländern

wie China kontrolliert, die natürliche Ressourcen als außenpolitische Instrumente zu nutzen wissen. Doch eine stärkere
Annäherung an China oder gar Äquidistanz zu beiden Großmächten kommt – allein schon wegen der sicherheitspolitischen Abhängigkeit Europas von den USA – nicht in Frage.

## Sicherheitspolitik

- Die USA werden künftig verstärkt ökonomische Gegenleis-
  tungen für militärischen und sicherheitsdienstlichen Schutz
  fordern. Doch in einer umfassenderen volkswirtschaftlichen Betrachtung verliert die seit der Obama-Administra-
  tion verschärft geäußerte Kritik am Außenhandelsüberschuss
  Deutschlands und an der mangelnden Bereitschaft, mehr
  Geld – konkret das NATO-Ziel von zwei Prozent der Wirtschaftsleistung – für (amerikanische) Rüstung auszugeben,
  an Plausibilität. Die Europäer könnten demgegenüber auf
  ihren geleisteten Beitrag zur gemeinsamen Sicherheit verwei-
  sen: Seit Jahrzehnten finanzieren sie Konsum, Wirtschaft und
  auch das militärische und sicherheitsdienstliche Aufrüsten
  der USA, nicht zuletzt durch die im Handel verdienten Währungsreserven und Ersparnisse. Die USA haben sich nur deshalb ihre exorbitante Rüstung leisten können, weil ausländische Kreditgeber bereit gewesen sind, auf eigenen Konsum
  und eigene Investitionen zu verzichten und dafür die zunehmende Verschuldung privater und staatlicher Haushalte
  in den USA zu finanzieren.
- Um in die eigene Sicherheit zu investieren, sollten europäische Regierungen den seit 2017 bestehenden Verteidigungsfonds, den European Defence Fund (EDF), aufstocken, um
  Europas Verteidigungsfähigkeit zu verbessern und seine industrielle Basis zu erhalten.
- In den nächsten beiden Jahrzehnten sind umfangreiche Res-

sourcen (schätzungsweise bis zu 300 Milliarden Euro) für das geplante französisch-deutsche Luftkampfsystem, das Future Combat Air System (FCAS), vonnöten, um Europas Souveränität im militärischen Bereich und im IT-Sektor zu stärken.

- Ohne weitere politische Führung aus Berlin und Paris sowie gesamteuropäische Kooperationsanreize (vor allem auch finanzieller Art) für die jeweiligen Rüstungsindustrien der beteiligten Länder ist indes ein Scheitern dieses Zukunftsprojektes nicht auszuschließen. Die neue Bundesregierung sollte sich zur deutsch-französischen Rolle eines kerneuropäischen Motors bekennen. Alle deutsch-französischen Initiativen müssten indes offen bleiben für die Mitwirkung anderer europäischer Staaten.

- Washington hingegen ist an einem Misslingen gemeinsamer europäischer Rüstungsinitiativen und Verteidigungsstrukturen interessiert. Denn mit dem federführend von Frankreich und Deutschland geplanten FCAS würden die Europäer nicht nur ihre militärische, sondern auch technologische Abhängigkeit von den USA verringern und ihre eigene Souveränität behaupten. Die Europäer sollen zwar mehr Geld für Militär ausgeben, aber für amerikanische Rüstungsgüter und damit militärisch und technologisch abhängig bleiben, wenn es nach den Regierungs- und den ihnen nahestehenden Wirtschaftsvertretern der USA ginge.

- Diese Interessenlogik wird besonders bei der Ersetzung deutscher Tornado-Kampfjets deutlich, die von Washington bewusst mit der Machtfrage der sogenannten «nuklearen Teilhabe» verknüpft wird. Solange die Bundesregierung die nukleare Teilhabe fortführt, delegiert sie letztendlich die Entscheidung über Deutschlands nationale Sicherheit und das Überleben seiner Bürger an den jeweiligen Amtsinhaber im Weißen Haus und gibt ihm zudem einen mächtigen Hebel in die Hand, der auch immer mehr dazu dient, aus dem

Schutzversprechen politisch und wirtschaftlich Kapital zu schlagen.

- Die nukleare Teilhabe sollte mit den USA und im Nordatlantikbündnis alsbald geklärt werden: Mit der von US-Präsident Biden beabsichtigten Begrenzung der nuklearen Abschreckung auf ausschließlich atomare Bedrohungen, einer sogenannten «Sole Purpose»-Strategie der USA, müssten die europäischen NATO-Verbündeten ohnehin ihre eigene Abschreckungsstrategie gegenüber nichtnuklearen Bedrohungen, die bereichsübergreifende Abschreckung, grundlegend überdenken.

- Deutschland sollte mit Frankreich eine gemeinsame Strategie verfolgen, die auch die nukleare Abschreckung beinhaltet. Denn Paris wäre durchaus bereit, seinen atomaren Schutz in eine europäische Gesamtstrategie einzubringen, wohlgemerkt für einen europäischen Pfeiler innerhalb der NATO. Deutschlands Teilhabe an der «Force de Frappe» wäre nicht minder sicher, vielleicht sogar zielsicherer als die bisherige Teilhabe an von Kampfjets zu transportierenden taktischen Nuklearwaffen der USA, da französische Stand-off-Systeme die Abschreckung glaubwürdiger machen als die derzeitigen Freifallbomben. Indem das ökonomisch dominante Deutschland sein sicherheitspolitisches Schicksal an das militärisch stärkere Frankreich, die zweite Führungsmacht auf dem Kontinent, bände, wäre auch sichergestellt, dass nicht wieder die «deutsche Frage» und die historisch begründete Furcht vor Deutschlands Großmachtbestrebungen seine Nachbarn und andere europäische Partner verunsichern.

- Weil China als militärischer Rivale zu den USA aufgestiegen ist und die USA sich verstärkt nach Asien orientieren, sollte Europa darauf hinarbeiten, sich selbst verteidigen zu können. Die Europäer werden zudem einen eigenen Weg finden müssen, um das Verhältnis zu Russland und die damit verbundenen Risiken und Chancen zu managen. Denkbar – und historisch bewährt – ist die Kombination zweier Vorgehensweisen: Wandel durch diplomatische Annäherung und glaubwürdige militärische Abschreckung.

- Die EU-Länder geben zusammen fast dreimal so viel wie Russland für Verteidigung aus. Sie hätten also die finanziellen und militär-industriellen Voraussetzungen dafür, sich gegenüber Russland zu verteidigen. Nicht sehr viel mehr, sondern effizientere, das heißt gemeinsame Investitionen sind dafür zweckdienlich. Indem die Europäer eigene, von den USA unabhängige militärische Fähigkeiten entwickeln – im konventionellen wie im nuklearen Bereich –, können sie Erpressungsversuchen einer möglichen zweiten Trump-Regierung oder auch der russischen Führung vorbeugen.

- Aus einer Position der Stärke, sozusagen mit schlagkräftiger Diplomatie, könnten die europäischen Staaten glaubwürdiger mit Russland verhandeln und durch vertrauensbildende Maßnahmen sowie neue Initiativen in Richtung eines Systems kollektiver Sicherheit auch das Risiko minimieren, dass Moskau und Washington sich auf Kosten der Europäer verständigen. Denn die sich am asiatischen Horizont abzeichnende größere Herausforderung könnte Geostrategen in Washington dazu bringen, Russland in sicherheitspolitisch entscheidenden Fragen als Partner zu gewinnen, um der aufstrebenden Großmacht China zu begegnen.

## Technologiepolitik

- Bislang gibt es noch keine gemeinsame Haltung europäischer Staaten gegenüber dem Ansinnen des chinesischen Tech-Giganten Huawei, seine 5G-Technologie in die Netzinfrastrukturen europäischer Länder zu integrieren – und diese, so insbesondere die Befürchtung Washingtons, offen für Chinas Einfluss und Spionage zu machen. Die Entscheidung für oder

gegen den chinesischen Anbieter Huawei ist nicht nur eine
wirtschaftliche, sondern auch eine geo-ökonomische und
sicherheitspolitische Zukunftsfrage. Dasselbe gilt allerdings
für amerikanische Anbieter. Deutschland sollte daher für eine
europäische Lösung eintreten, mit Anbietern wie Ericsson
aus Schweden und Nokia aus Finnland.

- Um ihren Worten Gewicht zu verleihen und nicht in die
Zwickmühle der sino-amerikanischen Rivalität zu geraten,
sollten die Europäer auch ihre Fähigkeiten stärken, souve-
räne Entscheidungen zu treffen und selbst Regeln und Standards zu setzen. Denn insbesondere das marktbeherrschende
Geschäftsmodell US-amerikanischer Online-Plattformen gefährdet den Wohlstand, die Sicherheit und die demokratische
Qualität Europas. Die europäischen Wettbewerbshüter sind
deshalb aufgerufen, die Macht der großen amerikanischen
und chinesischen Digitalunternehmen in Europa zu begrenzen.

- Es wäre auch im gesamteuropäischen Interesse, gemeinsam
gegen die machtpolitisch unterfütterte Marktmacht amerikanischer und chinesischer Großkonzerne beim Ausbau der
Internet-Infrastruktur in Europas Nachbarschaft vorzugehen. Wem Unterwasserkabel gehören und welche Routen sie
nehmen, sind zu Machtfragen eines härter werdenden geo-
ökonomischen Wettbewerbs zwischen den USA und China
geworden, bei dem Europa bislang das Nachsehen hat. Unternehmen und Staaten können auf Informations- und Finanz-
daten zugreifen, die über die von ihnen verwalteten digitalen
Kabel übertragen werden. So verdanken die USA ihre wirtschaftliche und militärische Dominanz der Kontrolle über
die zivile und militärische Nutzung von jeweils neuen Kommunikationsformen, darunter Radio, Fernsehen, Satelliten
und das Internet.[1]

- Vor allem Unabhängigkeit im Technologiesektor bildet «den
Kern unserer Souveränität» und ist Voraussetzung für die

«Fähigkeit, autonom zu handeln», so der französische Präsident Macron. Um Europas kollektive Sicherheit und Handlungsfähigkeit zu gewährleisten, ist es erforderlich, dass Europa seine Energie- und Digitalinfrastruktur selbst kontrolliert und auch souverän jene Standards festlegt, die europäischen Unternehmen auferlegt werden.[2]

- Um die technologische Unabhängigkeit Europas und seine Fähigkeit zu stärken, künftige strategische Veränderungen zu antizipieren, ist eine autonome und wettbewerbsfähige industrielle Basis vonnöten. Dazu sind auf europäischer Ebene massive Innovationsanstrengungen sowie die Kontrolle von Sicherheitstechnologien und Verteidigungsexporten erforderlich.

Grundvoraussetzung für all diese Instrumente europäischer Souveränität ist jedoch eine an gemeinsamen Interessen orientierte strategische Kultur. Denn bislang hat die Unfähigkeit der Europäer, über ihre souveränen Interessen gemeinsam nachzudenken und zusammenzuarbeiten, anderen Mächten die Möglichkeit gegeben, Europa zu spalten und zu schwächen.[3] Erst ein umfassendes strategisches Verständnis ermöglicht es der EU, die Interessen ihrer Mitgliedstaaten zu bündeln und damit auch mehr wirtschaftliches und außenpolitisches Gewicht in einer «neuen» bislang von den Interessen anderer bestimmten Weltordnung zu entfalten.

# Schluss

Am 6. Januar 2022 jährte sich der Sturm auf das Kapitol in Washington – ein trauriger Tiefpunkt einer Besorgnis erregenden Entwicklung in den USA, die noch nicht abgeschlossen ist. «Wir sind näher am Bürgerkrieg als irgendjemand von uns glauben möchte», heißt es in einer neuen Studie von Barbara F. Walter.[1] Die Professorin für Politikwissenschaft an der University of California in San Diego ist nicht bekannt für Übertreibungen, sondern für nüchterne Lageanalysen. Sie ist Mitglied eines CIA-Beratungsgremiums namens Political Instability Task Force, das weltweit Länder überwacht und prognostiziert, welche von ihnen am stärksten von Gewalt bedroht sind. Unter Berufung auf den «Polity»-Datensatz des Center for Systemic Peace – den die CIA-Task-Force bei ihren Vorhersagen von Instabilität und Gewalt verwendet – bewertet Walter die Vereinigten Staaten als «Anokratie» – eine Regierungsform, in der unklare Machtverhältnisse vorliegen. Sie ist ein Grenzfall zwischen einer Demokratie und einem autokratischen Staat.

In ihrem jüngsten Buch «Wie Bürgerkriege beginnen»[2] skizziert sie eine beängstigende Zukunft für die USA. «Niemand will glauben, dass ihre geliebte Demokratie im Niedergang begriffen ist oder auf den Krieg zusteuert», schreibt Walter. Doch wer wie sie die Ereignisse in Amerika anhand eines bewährten Kataloges von Kriterien analysiert, die einen Bürgerkrieg wahrscheinlich machen, gelangt zu der Feststellung, «dass die Vereinigten Staaten, eine Demokratie, die vor mehr als zwei Jahrhunderten gegründet wurde, sehr gefährliches Territorium betreten haben.»

Selbst wenn es nicht so weit kommen sollte, spricht derzeit vieles dafür, dass die USA künftig allzu viel mit sich selbst, also mit ihrer inneren Ordnung, zu tun haben werden, als dass sie die vom (noch) amtierenden Präsidenten Joe Biden beanspruchte Rolle des Hüters einer liberalen Weltordnung erfüllen könnten. Von ihr sind jedoch Europas Sicherheit und Wohlstand abhängig.

Die Sicherheit, der Wohlstand und soziale Frieden in Deutschland und Europa werden künftig umso mehr von den Defiziten und Defekten der amerikanischen Demokratie beeinträchtigt, wenn Europas Regierungsverantwortliche weiterhin tatenlos abwarten und sich der transatlantischen Illusion hingeben, dass die Vereinigten Staaten wieder zu ihren alten Tugenden zurückfinden und auch Europas Interessen wahrnehmen würden.

Das Gegenteil ist realistischer: Dass die USA wieder zu früherer Stärke und Dominanz gelangen, wäre in einer mittlerweile multipolaren Welt nur um einen Preis zu haben, den andere, vor allem auch Europa, zu zahlen hätten. Um den drohenden Kollaps abzuwenden und ihre dominante Weltmachtrolle zu bewahren, werden die Verantwortlichen in den USA alles daransetzen, ihre Interessen noch rücksichtsloser durchzusetzen und Lasten auf Freund und Feind abzuwälzen.

Für Europa, das der ehemalige und möglicherweise künftige US-Präsident Trump und seine republikanische Partei sogar offen als Rivalen sehen, bedeutet diese bedrohliche Entwicklung auch eine Chance – die Gelegenheit nämlich, die eigenen Interessen und Werte souveräner wahrzunehmen. Wir müssen selbständiger werden: militärisch, politisch und wirtschaftlich. Das geht nicht von heute auf morgen. Aber wenn wir jetzt nicht damit anfangen, dann werden wir zu den Verlierern der neuen Weltordnung gehören und die Grundlagen verspielen, auf denen unser Wohlstand beruht.

Wem die liberale, sprich regelbasierte Weltordnung am Herzen liegt, sollte nicht auf Washington oder den Weltgeist hoffen, sondern sein Schicksal mutig selbst in die Hand nehmen. Es ist das Gebot der Stunde, Europas politische Einheit und damit auch den Wirtschafts- und Währungsraum im globalen geo-ökonomischen Wettbewerb zu stärken. Das ökonomische Gewicht der EU muss künftig stärker zur Geltung gebracht werden, um in der Außen- und Handelspolitik europäische Interessen und Werte zu verteidigen. In einem kompetitiveren internationalen Umfeld muss die EU ihre eigene Wirtschaftsmacht stärker strategisch einsetzen.

Es ist höchste Zeit, dass Europa seine Rhetorik in Taten umsetzt, um die Handlungsfähigkeit der Europäischen Union zu verbessern. Worthülsen wie «strategische Unabhängigkeit» oder «Autonomie» kaschieren bislang nur den Mangel an Entscheidungs- und Handlungsfähigkeit der EU. Die Europäische Union ist in besonderem Maße anfällig für die «Teile und beherrsche»-Strategien der Großmächte, allen voran Chinas und der USA. Um ihre politische Anfälligkeit zu überwinden und ihre Handlungsfähigkeit zu verbessern und «weltpolitikfähig» zu werden, sollte die EU in der Außen- und Sicherheitspolitik von der Illusion der Einstimmigkeit hin zu einer realistischeren Konsensfindung in Form einer qualifizierten Mehrheitsentscheidung finden. Denn nur dieser supranationale Rahmen gewährt europäischen Staaten die nötige Souveränität, um in der neuen Weltordnung selbstbestimmt wirtschaften und leben zu können. Der Eigensinn der um Weltmacht konkurrierenden amerikanischen und chinesischen Geostrategen nötigt Europas Einzelstaaten und seine Bürger zu mehr Gemeinsinn.

In diesem freiheitlich-demokratischen Sinne soll dieses Buch Politik und Öffentlichkeit Denkanstöße liefern. Es will dabei helfen, die neue weltpolitische Lage auszuloten, strategische Ziele und nützliche Instrumente zu formulieren, um Risiken zu begegnen und Chancen zu nutzen. Nicht zuletzt soll eine möglichst öffentliche und offene Diskussion dieser Fragen dazu beitragen, deutsche Außen- und Sicherheitspolitik gegenüber der Bevölkerung zu rechtfertigen und Unterstützung für sie zu schaffen. Denn anders als in einem autokratischen System steht in einer Demokratie das «nationale Interesse» nicht von vorneherein fest, sondern muss in einem fortwährenden Diskussionsprozess immer wieder aufs Neue ausgehandelt, ja im besten demokratischen Sinne erstritten werden.

## Danksagung

Meinen Mitstreitern, vor allem auch in den USA selbst, bin ich zu großem Dank verpflichtet. Ich verdanke einen Gutteil meines persönlichen und beruflichen Werdegangs der Gastfreundschaft und Hilfsbereitschaft zahlreicher Menschen in den USA. Durch ihre intellektuelle Redlichkeit haben sie mir in den zurückliegenden 20 Jahren geholfen, die grundlegenden Probleme der nicht mehr so Vereinigten Staaten von Amerika zu verstehen – die eher früher als später auch den «Alten Kontinent» in Mitleidenschaft ziehen werden.

Dass meine Gedankengänge verständlicher und nachvollziehbarer geworden sind, verdanke ich einmal mehr Wolfgang Hauptmann, Markus Jaeger, Foad Kazemzadeh, Hubert Knirsch und Claus Richter, die nicht müde werden, meine Manuskripte mit wohlwollender Kritik zu verbessern. Ohne die Professionalität des Verlags C.H.Beck – insbesondere die Entschlossenheit und inhaltliche Kompetenz von Sebastian Ullrich – wäre die Veröffentlichung des Buches in dieser ansprechenden Form zur rechten Zeit nicht möglich gewesen. Zu guter Letzt danke ich Alina und Greta Braml, die mir jeden Tag aufs Neue helfen, eine bessere Welt zu sehen.

# Anmerkungen

## Einleitung

1 So lautete die Kritik des Historikers Hans-Peter Schwarz: Die gezähmten Deutschen. Von der Machtbesessenheit zur Machtvergessenheit, Stuttgart 1985.

2 Hanns W. Maull: Nationale Interessen! Aber was sind sie? in: Internationale Politik 10, Oktober 2006, S. 62–76.

3 Vgl. Stefan Bierling: Die Außenpolitik der Bundesrepublik Deutschland. Normen, Akteure, Entscheidungen, München 1999, S. 9 ff.

4 Deutsche Bundesregierung: Weißbuch 2016 zur Sicherheitspolitik und zur «Zukunft der Bundeswehr», Berlin, 13.07.2016.

5 Ebd., S. 24–25.

6 Ebd., S. 25.

7 Ebd.

8 Dieter Senghaas: Verflechtung und Integration, in: Karl Kaiser und Hanns W. Maull (Hrsg.): Die Zukunft der deutschen Außenpolitik (Arbeitspapiere zur Internationalen Politik 72), Bonn 1992, S. 35–52.

9 Heinrich August Winkler: Der lange Weg nach Westen, München 2000.

10 «Die Zeiten, in denen wir uns auf andere völlig verlassen konnten, die sind ein Stück vorbei», lautete der Originalton von Angela Merkel, zitiert in: Süddeutsche Zeitung, 29.05.2017, Transatlantische Beziehungen: «Dies scheint das Ende einer Ära zu sein», https://www.sueddeutsche.de/politik/transatlantische-beziehungen-dies-scheint-das-ende-einer-aera-zu-sein-1.3525596.

11 Vgl. John Herz: Idealistischer Internationalismus und das Sicherheitsdilemma, in: ders.: Staatenwelt und Weltpolitik, Hamburg 1974, S. 39–56.

12 Francis Fukuyama: The End of History and the Lost Man, New York 1992.

13 Der Begriff «soft power» stammt von Joseph S. Nye: Limits of American Power, in: Political Science Quarterly, Winter 2002/03, S. 545–549; ders.: The Paradox of American Power. Why the World's Only Superpower Can't Go it Alone, Oxford 2002.

## Der amerikanische Patient:
## Die USA und die liberale Weltordnung

1 Wilson entlehnte diesen Slogan ganz offensichtlich dem 1914 erschienenen Buch des Autors Herbert George Wells mit dem Titel «The War That Will End War».
2 Detlef Junker: Power and Mission. Was Amerika antreibt, Freiburg im Breisgau 2003, S. 18.
3 Ebd., S. 19.
4 So der 16. US-Präsident Abraham Lincoln, der von 1861 bis 1865 regierte.
5 So der puritanische Pionier John Winthrop 1630 in Anspielung auf das biblische Jerusalem, das einen engen Bund mit Gott hatte.
6 Seymour Martin Lipset: American Exceptionalism. A Double-edged Sword, New York/London 1996.
7 Ausführlicher zu den unterschiedlichen, kontinuierlich widerstreitenden Elementen der nationalen Identität der Vereinigten Staaten: Walter Russell Mead: Special Providence. American Foreign Policy and How it Changed the World, New York 2001.
8 Bernd Greiner: Made in Washington. Was die USA seit 1945 in der Welt angerichtet haben, München 2021.
9 Michael Lüders: Die scheinheilige Supermacht. Warum wir aus dem Schatten der USA heraustreten müssen, München 2021.
10 Zitiert in: China und Russland kontern Bidens Kritik, in: Spiegel online, 3.11.2021, https://www.spiegel.de/ausland/klimakrise-china-und-russland-kontern-kritik-von-joe-biden-a-6d87fc05-ee7a-4b90-8029-c9fc407fe0da.
11 Dazu ausführlich Greiner: Made in Washington, S. 53–103.
12 Zitiert nach Andrew Glass: This Day in Politics: Carter Lauds Shah of Iran, 31.12.1977, Politico, 30.12.2018, https://www.politico.com/story/2018/12/30/this-day-in-politics-december-31-1077103.
13 Suzanne Maloney: We Used to Run This Country. How the Revolution Upended an American-Iranian Alliance, in: dies. (Hrsg.): The Iranian Revolution at Forty, Brookings Institution Press, Washington, DC, 2020, S. 72.
14 Knapp 13 Monate vor der Entmachtung des Schahs lobte US-Präsident Jimmy Carter bei einer Neujahresfeier in Teheran dessen Regime als «eine Insel der Stabilität in einem der unruhigeren Gebiete der Welt». Zitiert nach Andrew Glass: This Day in Politics.
15 So wurde US-Präsident Jimmy Carter im August 1978 von seinen Nachrichtendiensten informiert: «Der Iran befindet sich nicht in

einer revolutionären oder selbst ‹vor-revolutionären› Situation.» Zitiert nach: Jimmy Carter: Keeping Faith, New York 1982, S. 438.

16  Vgl. Jeane J. Kirkpatrick: Dictatorships and Double Standards, in: Commentary, 5/1979, S. 34–45. Die Politikwissenschaftlerin war unter Reagan Kabinettsmitglied.

17  Vgl. Iran-Contra Report; Arms, Hostages and Contras: How a Secret Foreign Policy Unraveled, in: New York Times, 19.11.1987, S. A-12.

18  Vgl. Elaine Sciolino: The Outlaw State: Saddam Hussein's Quest for Power and the Gulf Crisis, New York 1991, S. 168.

19  So gab Präsident George H. W. Bush in seiner Amtsantrittsrede im Januar 1989 seiner Hoffnung Ausdruck, dass «guter Wille guten Willen» bewirke und erreichte Ende 1991, dank der Unterstützung Irans, die Freilassung von US-Geiseln, die von der Hisbollah im Libanon gefangen gehalten wurden – ohne dass sich damit jedoch die Beziehungen zwischen den USA und dem Iran wesentlich verbesserten.

20  Hillary Clinton: America's Pacific Century, in: Foreign Policy, November 2011.

21  Madeleine Albright und Stephen Hadley: Submitted Statement, Committee on Armed Services, United States House of Representatives, Washington, DC, 21.03.2017.

22  Derek Chollet et al.: Building ‹Situations of Strength›. A National Security Strategy for the United States, Brookings Institution, Washington, DC, Februar 2017.

23  US-Präsident Trump verunsicherte die europäischen Alliierten, indem er vor seiner Abreise nach Helsinki, zum Gipfel mit dem russischen Machthaber Wladimir Putin, die Europäische Union offen als «Feind» brandmarkte, während er dann beim Helsinki-Gipfel Russland, ein Land mit der Wirtschaftskraft Italiens, wohlwollend als «Wettbewerber» bezeichnete. Trump zitiert nach Andrew Roth, David Smith, Edward Helmore und Martin Pengelly: Trump Calls European Union a ‹Foe› – Ahead of Russia and China, in: The Guardian, 15.07.2018, https://www.theguardian.com/us-news/2018/jul/15/donald-trump-vladimir-putin-helsinki-russia-indictments.

24  Schon zu Beginn von Trumps Amtszeit erklärten der damalige Nationale Sicherheitsberater Herbert Raymond McMaster und der damalige Vorsitzende des Nationalen Wirtschaftsrats Gary Cohn, dass US-Präsident Trump ein klares Verständnis davon habe, «dass die Welt keine ‹globale Gemeinschaft› ist, sondern eine Arena, in der sich Nationen, NGOs und Unternehmen betätigen und um ihren Vorteil konkurrieren.» Herbert Raymond McMaster und Gary D. Cohn, America First Doesn't Mean America Alone, in: Wall Street Jour-

nal, 30.05.2017, https://www.wsj.com/articles/america-first-doesnt-mean-america-alone-1496187426.

25  Im Interview mit der BILD-Zeitung vom 15.01.2017.

26  White House: A New National Security Strategy for a New Era, 18.12.2017, https://www.whitehouse.gov/articles/new-national-security-strategy-new-era.

27  Der Begriff «transaktionale Führung» bringt sowohl die Beziehungs- als auch Inhaltsebene zum Ausdruck. In diesem hierarchischen Austauschverhältnis gibt ein Vorgesetzter – in diesem Fall US-Präsident Donald Trump – eine Zielvereinbarung mit spezifischen Erwartungen vor und belohnt oder bestraft die Untergebenen mit finanziellen oder immateriellen Vorteilen beziehungsweise Nachteilen, wenn sie die Anforderungen erfüllen oder verfehlen. Ausführlicher zur transaktionalen Führung siehe J. MacGregor Burns: Leadership. New York 1978.

28  Joseph R. Biden Jr.: Why America Must Lead Again: Rescuing U. S. Foreign Policy after Trump, in: Foreign Affairs, 99 (März/April 2020) 2, S. 64–76 (hier: S. 73).

29  Josef Braml: Der amerikanische Patient. Was der drohende Kollaps der USA für die Welt bedeutet, München 2012.

## Die Ironie der Geschichte:
## Der neue Systemwettbewerb zwischen
## China und den USA

1  Wolf Krug: Deutsches Versteckspiel, in: Die Welt, 12.02.2020, https://www.welt.de/print/die_welt/debatte/article205790213/Gastkommentar-Deutsches-Versteckspiel.html.

2  Francis Fukuyama: The End of History and the Last Man, New York 1992.

3  Francis Fukuyama: Exporting the Chinese Model, in: Project Syndicate, 12.01.2016, https://www.project-syndicate.org/onpoint/china-one-belt-one-road-strategy-by-francis-fukuyama-2016-01.

4  Josef Braml, Wolfgang Merkel und Eberhard Sandschneider (Hrsg.): Außenpolitik mit Autokratien, Jahrbuch Internationale Politik, Band 30, München 2014.

5  Patrick Köllner: Autoritäre Regime – keine weltweit aussterbende Gattung, sondern eine wachsende Herausforderung, Hamburg: German Institute of Global and Area Studies (GIGA Focus, Nr. 6/2008); Wolfgang Merkel: Are Dictatorships Returning? Revisiting the ‹De-

mocratic Rollback› Hypothesis, in: Contemporary Politics, 16 (2010) 1, S. 17–31.

6   Eberhard Sandschneider: Der erfolgreiche Abstieg Europas. Heute Macht abgeben, um morgen zu gewinnen, München 2011.

7   Stefan Halper: The Beijing Consensus. How China's Authoritarian Model Will Dominate the Twenty-first Century, New York 2010.

8   Lowy Institute: The US-China Trade War. Who Dominates Global Trade?, https://interactives.lowyinstitute.org/charts/china-us-trade-dominance/us-china-competition/.

9   Donald J. Trump: The Inaugural Address, Remarks of President Donald Trump, White House, 20.01.2017, https://www.whitehouse.gov/inaugural-address.

10   Ebd.

11   Transcript of Trump's Speech to Congress, abrufbar über New York Times, 28.02.2017, https://www.nytimes.com/2017/02/28/us/politics/trump-congress-video-transcript.html.

12   Joseph Biden: Remarks as Prepared for Delivery by President Biden – Address to a Joint Session of Congress, 28.04.2021, https://www.whitehouse.gov/briefing-room/speeches-remarks/2021/04/28/remarks-as-prepared-for-delivery-by-president-biden-address-to-a-joint-session-of-congress/.

13   Ausführlicher dazu Josef Braml: Trumps Amerika – Auf Kosten der Freiheit. Der Ausverkauf der amerikanischen Demokratie und die Folgen für Europa, Berlin/Köln 2016 (aktualisierte Neuausgabe); 2020 (aktualisierte Taschenbuchausgabe).

14   Ebd.

15   Jim Mattis: A New American Grand Strategy, Stanford, CA: Hoover Institution, 26.02.2015.

16   US Department Of State, Office of the Spokesperson, Secretary Michael R. Pompeo Remarks at the Richard Nixon Presidential Library and Museum: «Communist China and the Free World's Future», 23.07.2020, The Richard Nixon Presidential Library and Museum, Yorba Linda, California, https://sv.usembassy.gov/secretary-michael-r-pompeo-remarks-at-the-richard-nixon-presidential-library-and-museum-communist-china-and-the-free-worlds-future/.

17   Der Begriff «Geo-Ökonomie» beleuchtet nicht-militärische Instrumente staatlichen Handelns, «non-military instruments of statecraft», wie es Stuhlberg bezeichnete: Adam N. Stuhlberg: Moving Beyond the Great Game. The Geoeconomics of Russia's Influence in the Caspian Energy Bonanza, in: Geopolitics, 10 (2005) 1, S. 1–25; vgl. auch Robert D. Blackwill und Jennifer M. Harris: War by Other Means: Geoeconomics and Statecraft, Cambridge, Mass. 2016.

18  Ronald O'Rourke: A Shift in the International Security Environ-
    ment. Potential Implications for Defense – Issues for Congress,
    Congressional Research Service (CRS), CRS Report for Congress,
    Washington, DC, 14.07.2015, S. 8.

19  U.S. Strategic Framework for the Indo-Pacific, abrufbar unter:
    https://trumpwhitehouse.archives.gov/wp-content/uploads/2021/
    01/IPS-Final-Declass.pdf.

20  90 Prozent der chinesischen Handelsgüter sowie 40 Prozent des nach
    China eingeführten Erdöls werden auf See befördert. Gabriel B. Col-
    lins: China's Dependence on the Global Maritime Commons, in: An-
    drew S. Erickson, Lyle J. Goldstein und Nan Li (Hrsg.): China, the
    United States, and 21st Century Seapower, Annapolis, MD 2010,
    S. 14–37 (hier S. 18).

21  Michael Paul und Marco Overhaus: Sicherheit und Sicherheitsdilem-
    mata in den chinesisch-amerikanischen Beziehungen, in: Barbara
    Lippert und Volker Perthes (Hrsg.): Strategische Rivalität zwischen
    USA und China, Stiftung Wissenschaft und Politik (SWP) Berlin,
    Februar 2020, S. 22–26 (hier: S. 24).

22  Vgl. Michèle Flournoy: Treat China's Border Clash with India as a
    Clarion Call, in: Financial Times, 19.06.2020. In der Clinton-Admi-
    nistration war Flournoy als Deputy Assistant Secretary of Defense
    for Strategy die Hauptautorin des Quadrennial Defense Review
    (QDR) vom Mai 1997.

23  Michael Froman: The Strategic Logic of Trade. Remarks by Ambas-
    sador Froman at the Council on Foreign Relations, New York, 16.06.
    2014.

24  Zitiert in: Jane Perlez, US Allies See Trans-Pacific Partnership as a
    Check on China, in: New York Times, 06.10.2015.

## Angriff als Verteidigung:
## Russland zwischen China und dem Westen

1  BP: Statistical Review of World Energy 2020, 69th Edition, London,
   Juni 2020, S. 14, 32.

2  International Monetary Fund (IMF): Russian Federation: Staff Report for the 2019 Article IV Consultation, August 2019.

3  So auch die Einschätzung von Joseph S. Nye: A Western Strategy For
   a Declining Russia, in: Project Syndicate, 03.09.2014, http://www.
   project-syndicate.org/commentary/joseph-s-nye-wants-to-deter-
   russia-without-isolating-it.

4  Vgl. Gregor Schöllgen und Gerhard Schröder: Letzte Chance. Wa-

rum wir jetzt eine neue Weltordnung brauchen, München 2021, S. 61 ff.

5  Ebd.

6  So der russische Präsident Wladimir Putin in seiner Rede zur Lage der Nation im April 2005, zitiert in: Eine Frage der Glaubwürdigkeit, in: Die Zeit, 27.04.2005.

7  Vgl. Stefan Meister: Russland: Die verhinderte regionale Ordnungsmacht, in: Josef Braml, Thomas Risse und Eberhard Sandscheider (Hrsg.): Einsatz für den Frieden. Sicherheit und Entwicklung in Räumen begrenzter Staatlichkeit. Jahrbuch Internationale Politik, Band 28, München 2010, S. 216–221.

8  Ebd., S. 216.

9  Ausführlicher dazu Margarete Klein: Russlands Militärpolitik im postsowjetischen Raum. Ziele, Instrumente und Perspektiven, Stiftung Wissenschaft und Politik (SWP), SWP-Studie Nr. 19, Berlin, September 2018.

10  Vladimir Putin: Being Strong: National Security Guarantees for Russia, in: Russia Today, 19.02.2012, https://www.rt.com/ politics/official-word/strong-putin-military-russia-711/.

11  Ebd.

12  Vladimir Putin: Presidential Address to the Federal Assembly, Moskau, 01.03.2018, http://en.kremlin.ru/events/president/news/56957.

13  Die Zahlen sind höher (2017 knapp 62 Milliarden Dollar), wenn entsprechend der NATO-Definition von «Verteidigungsausgaben» auch jene Aufwendungen hinzugezählt werden, die im russischen Budget unter anderen Posten verteilt werden. The International Institute for Strategic Studies (IISS): The Military Balance. The Annual Assessment of Global Military Capabilities and Defense Economics, London 2018, S. 192.

14  Keith Crane, Olga Oliker und Brian Nichiporuk: Trends in Russia's Armed Forces. An Overview of Budgets and Capabilities, RAND, Santa Monica, Calif. 2019, S. 26.

15  Laut den Zahlen von «Global Firepower», zitiert in: Ben Mendelson: Größte Armee weltweit: Diese Länder haben die größten Armeen der Welt, in: Handelsblatt, 10.05.2021, https://www.handelsblatt.com/politik/international/groesste-armee-weltweit-diese-laender-haben-die-groessten-armeen-der-welt/27058176.html.

16  Vgl. Margarete Klein: Russlands Militärpolitik im postsowjetischen Raum, S. 15.

17  Dmitry Medvedev: Interview by the President of Russia Given to Television Channels Channel One, Russia, NTV, 31.08.2008, http://en.kremlin.ru/events/president/transcripts/48301.

18  William Safire: On Language: The Near Abroad, in: The New York
    Times Magazine, 22.05.1994, http://www.nytimes. com/1994/05/22/
    magazine/on-language-the-near-abroad.html.

19  Medwedjew warnt vor Konflikt, in: Frankfurter Allgemeine Zeitung,
    07.08.2018, S. 8.

20  Wladimir Putin zitiert in: Andrew E. Kramer: Putin Warns of a Rus-
    sian ‹Red Line› the West Will Regret Crossing, in: New York Times,
    21.04.2021, https://www.nytimes.com/2021/04/21/world/europe/rus
    sia-putin-ukraine-navalny.html.

21  Russisches Manöver im Schwarzen Meer, in: Tagesschau.de, 20.04.
    2021, https://www.tagesschau.de/ausland/russland/manoever-schwar
    zes-meer-103.html.

22  Andrew E. Kramer und Anton Troianovski: Russia Orders Partial
    Pullback From Ukraine Border Region, in: New York Times, 22.04.
    2021, https://www.nytimes.com/2021/04/22/world/europe/russia-
    ukraine-military-pullback.html?smid=tw-share.

23  Ebd.

24  Ebd.

25  The Ministry of Foreign Affairs of the Russian Federation: Foreign
    Policy Concept of the Russian Federation, 01.12.2016, http://www.
    mid.ru/en/foreign_policy/official_documents/-/asset_publisher/
    CptICkB6BZ29/content/ id/2 542 248.

26  «Strategische Stabilität in Europa erfordert mehr als den Komfort,
    den eine transatlantische Konvergenz mit den Vereinigten Staaten
    bietet. Unsere Sicherheit hängt also davon ab, ob wir uns in unse-
    rer östlichen und südlichen Nachbarschaft autonomer involvieren
    können.» Emmanuel Macron: Speech of the President of the Repu-
    blic on the Defense and Deterrence Strategy, Paris, 07.02.2020,
    https://www.elysee.fr/en/emmanuel-macron/2020/02/07/speech-of-
    the-president-of-the-republic-on-the-defense-and-deterrence-stra-
    tegy.

27  Zum Beispiel: Anne-Sylvaine Chassany: Macron's Rapprochement
    With Putin Is Not Worth It. French President's ‹Trust-Building›
    With Russian Leader Has Failed, in: Financial Times, 30.09.2020,
    https://www.ft.com/content/168243c2-bac4-404c-843a-ca1f61196049.

28  Markus Ederer zitiert in: Michael Peel: EU Envoy Urges Bloc to En-
    gage More With Russia Over 5G and Data, in: Financial Times, 13.09.
    2019, https://www.ft.com/content/725aa5b6-d5f7-11e9-8367-807eb-
    d53ab77.

29  Angela Merkel: Rede von Bundeskanzlerin Merkel zur 55. Münchner
    Sicherheitskonferenz am 16. Februar 2019 in München, abrufbar
    unter: https://www.bundeskanzlerin.de/bkin-de/aktuelles/rede-von-

bundeskanzlerin-merkel-zur-55-muenchner-sicherheitskonferenz-am-16-februar-2019-in-muenchen-1580936.

30 Bastian Giegerich und Maximilian Terhalle: The Responsibility to Defend, London 2021, S. 98.

31 Michael Ratner und Heather L. Greenley: Power of Siberia: A Natural Gas Pipeline Brings Russia and China Closer, Congressional Research Service (CRS), In Focus Nr. IF11514, Washington, DC, 21.04.2020.

32 Zum Beispiel: Michal Makocki und Nicu Popescu: China and Russia: An Eastern Partnership in the Making? European Union Institute for Security Studies (EUISS), Chaillot Paper Nr. 140, Dezember 2016, https://www.iss.europa.eu/sites/default/files/EUISSFiles/CP_140_Russia_China.pdf. Ausführlicher zu dieser Frage ein Literaturbericht von Hannes Adomeit: Russland und China – auf dem Weg zur strategischen Partnerschaft?, in: SIRIUS, 2 (2018) 2, S. 178–181.

33 Vgl. Martin Breitmaier: China's Rise and Central Asia's Security, European Union Institute for Security Studies (EUISS), Issue Alert Nr. 21/2016, Paris, 03.06.2016.

34 Vgl. Clifford Gaddy zitiert in: Neil MacFarquhar und David M. Herszenhorn: Ukraine Crisis Pushing Putin Toward China, in: New York Times, 20.05.2014, S. A1.

35 Zitiert in: Kathy Gilsinan: How the US Could Lose a War With China, in: The Atlantic, 25.07.2019, https://www.theatlantic.com/politics/archive/2019/07/china-us-war/594793/; Aaron Mehta: The US May Not Be Able to Fight Two Big Wars at Once, in: Defense News, 03.10.2018, https://www.defensenews.com/pentagon/2018/10/04/can-the-us-fight-two-big-wars-at-once-new-report-casts-doubts/.

36 So der neo-realistische Vordenker John J. Mearsheimer: Why the Ukraine Crisis Is the West's Fault. The Liberal Delusions that Provoked Putin, in: Foreign Affairs, 92 (2014) 5, S. 77–89 (hier S. 89).

37 Charles A. Kupchan: Biden's Foreign Policy Needs a Course Correction, in: Project Syndicate, 14.05.2021, https://www.project-syndicate.org/commentary/biden-foreign-policy-cold-war-ideology-or-twenty-first-century-pragmatism-by-charles-a-kupchan-2021-05.

38 Lawrence Freedman: Introduction – The Evolution of Deterrence Strategy and Research, in: Frans Osinga und Tim Sweijs (Hrsg.): Netherlands Annual Review of Military Studies 2020. Deterrence in the 21st Century – Insights from Theory and Practice, The Hague, 2021, S. 1.

39 Vgl. Anthony H. Cordesman: Deterrence in the 1980s. Part I: American Strategic Forces and Extended Deterrence. International Institute for Strategic Studies (IISS), Adelphi Paper 175, London 1982.

40 The European Union Must Face Up to the Real Russia, in: The Eco-

nomist, 11.02.2021, https://www.economist.com/europe/2021/02/11/the-european-union-must-face-up-to-the-real-russia.

41 McKinsey & Company: The Future of European Defence: Tackling the Productivity Challenge, 2013, S. 8, https://www.mckinsey.com/~/media/mckinsey/industries/public%20and%20social%20sector/our%20insights/enlisting%20productivity%20to%20reinforce%20european%20defense/the%20future%20of%20european%20defence.pdf.

42 Wolfgang Ischinger: «Diplomatie bleibt heiße Luft ohne militärische Fähigkeit», in: Atlantik-Brücke, https://www.atlantik-bruecke.org/interview-ischinger/.

43 Giegerich und Terhalle: The Responsibility to Defend, S. 100.

## Gleiche Interessen?
## Die USA und Europa

1 James N. Mattis: Senate Armed Services Committee Nomination Hearing Statement, in: Nomination Hearing: James Mattis, Secretary of Defense, January 12, 2017, S. 2, https://www.armed-services.senate.gov/imo/media/doc/Mattis_01-12-17.pdf.

2 Grillo zitiert in: Najmeh Bozorgmehr und Monavar Khalaj: Businesses Eye Huge Opportunities in Iran, in: Financial Times, 14.07.2015. https://www.ft.com/content/654cbd28-2a2a-11e5-8613-e7aedbb7bdb7.

3 Vgl. ebd.

4 Giegerich und Terhalle: The Responsibility to Defend, S. 11.

5 Statistisches Bundesamt: Rangfolge der Handelspartner im Außenhandel der Bundesrepublik Deutschland 2020, Wiesbaden, 19.04.2021, https://www.destatis.de/DE/Themen/Wirtschaft/Aussenhandel/Tabellen/rangfolge-handelspartner.pdf;jsessionid=1B9CC70DE168CC2C866319CEA25F7DC7.live711?__blob=publicationFile.

6 Laut Deutsche Presse-Agentur (dpa): Investitionsabkommen: Gespräche der EU mit China stocken, in: dpa, 24.12.2020, https://www.zeit.de/news/2020-12/24/investitionsabkommen-gespraeche-der-eu-mit-china-stocken.

7 Ausführlicher: Josef Braml: Atlantische Auswirkungen amerikanischer Heimatschutzpolitik, Stiftung Wissenschaft und Politik (SWP), SWP-Studie Nr. S 30, Berlin, Oktober 2005.

8 Gemäß der Definition des Weißen Hauses: http://www. whitehouse.gov/homeland/.

9 Michael Chertoff: Ansprache beim Center for Strategic and International Studies (CSIS), Washington, DC, 19.05.2005.

10 Bruce Stokes: On the Waterfront, in: National Journal, 28.09.2002.

11 Emmanuel Macron: Speech of the President of the Republic on the Defense and Deterrence Strategy.

12 Ebd.

13 Eisenhowers Abschiedsrede und weitere interessante Dokumente können abgerufen werden über: http://www.eisenhower.archives.gov/research/online_documents/farewell_address.html.

14 Office of the Under Secretary of Defense (Comptroller): National Defense Budget Estimates for FY 2016, Washington, DC, März 2015, S. 249–251.

15 Ivo Daalder und James Lindsay: America Unbound. The Bush Revolution in Foreign Policy, Washington, DC, 2003.

16 Einsehbar über die Website der Washington Post: http://www.washingtonpost.com/wp-srv/special/national/black-budget.

17 Diego Lopes da Silva, Nan Tian und Alexandra Marksteiner: Trends in World Military Expenditure, 2020, SIPRI Fact Sheet, April 2021, S. 2.

18 Ebd., S. 3.

19 U.S. Department of Defense: Quadrennial Defense Review 2014, Washington, DC, S. 6; U.S. Department of Defense, The Defense Innovation Initiative, Memorandum von US-Verteidigungsminister Chuck Hagel, Washington, DC, 15.11.2014.

20 Diego Lopes da Silva, Nan Tian und Alexandra Marksteiner: Trends in World Military Expenditure, 2020, S. 3.

21 Zitiert nach: George F. Kennan: At a Century's Ending. Reflections 1982–1995, New York 1997, S. 118.

22 Detlef Junker: Power and Mission. Was Amerika antreibt, Freiburg im Breisgau 2003, S. 18.

23 Joseph Biden: Remarks as Prepared for Delivery by President Biden – Address to a Joint Session of Congress, 28.04.2021, https://www.whitehouse.gov/briefing-room/speeches-remarks/2021/04/28/remarks-as-prepared-for-delivery-by-president-biden-address-to-a-joint-session-of-congress/.

24 U.S. Department of Defense, Unmanned Systems Integrated Roadmap FY 2013–2038, Washington, DC 2013.

25 Siehe den am 29. Juli 2015 veröffentlichten «offenen Brief», den über tausend namhafte Wissenschaftler und Unternehmer unterzeichneten, abrufbar unter: http://futureoflife.org/AI/open_letter_autonomous_weapons.

26 Pieter D. Wezeman, Alexandra Kuimova und Simon T. Wezeman:

Trends in International Arms Transfers, 2020, Stockholm International Peace Research Institute (SIPRI), März 2021, S. 2.

27  Ebd., S. 2.

28  Ebd., S. 4.

29  Markus Kaim: Europa und Russland, in: Simon Koschut und Mag-
nus-Sebastian Kutz (Hrsg.): Die Außenpolitik der USA. Theorie –
Prozess – Politikfelder – Regionen, S. 253–261 (hier S. 253).

30  Zbigniew Brzeziński, Die einzige Weltmacht. Amerikas Strategie der
Vorherrschaft, Frankfurt/M. 2001, S. 41.

31  International Monetary Fund: Balance of Payments Statistics Yearbook and Data Files, Net Capital Account (BoP, current US$), Uni-
ted States, https://data.worldbank.org/indicator/BN.TRF.KOGT.C
D?locations=US.

32  Deutscher Bundestag: Antwort der Bundesregierung auf die kleine
Anfrage der Abgeordneten Dr. Marcus Faber, Alexander Graf
Lambsdorff, Grigorios Aggelidis, weiterer Abgeordneter und der
Fraktion der FDP, Drucksache 19/9353, Berlin, 09.04.2019.

33  Giegerich und Terhalle: The Responsibility to Defend, S. 70.

34  The Power of America's Example: The Biden Plan for Leading the
Democratic World to Meet the Challenges of the 21st Century,
https://joebiden.com/americanleadership/.

35  Peter Ammon zitiert in: Ansgar Graw, Thorsten Jungholt und
Jacques Schuster: «Noch immer wird Deutschland misstrauisch beäugt», in: Die Welt, 29.07.2018, https://www.welt.de/politik/ar-
ticle180142080/Atomdebatte-Muss-Deutschland-Nuklearmacht-
werden.html.

36  Emmanuel Macron: Speech of the President of the Republic on the
Defense and Deterrence Strategy.

37  Stand: Januar 2020; laut Stockholm International Peace Research Institute (SIPRI), SIPRI Yearbook 2020, S. 326.

38  Zitiert in: Ansgar Graw, Thorsten Jungholt und Jacques Schuster:
«Noch immer wird Deutschland misstrauisch beäugt».

39  François Heisbourg: Europe Can Afford the Cost of Autonomy, in:
Survival, 63 (2021) 1, S. 25–32 (hier S. 28–29).

40  Emmanuel Macron: Speech of the President of the Republic on the
Defense and Deterrence Strategy.

41  Laut Einschätzung des Betriebsrats von Airbus belaufen sich die Ge-
samtkosten des Systems auf rund 300 Milliarden Euro. Christian
Schubert: Annäherung bei Europas größtem Rüstungsprojekt, in:
FAZ.net, 03.04.2021, https://www.faz.net/aktuell/wirtschaft/annae-
herung-bei-europas-groesstem-ruestungsprojekt-fcas-17276796.
html.

42 François Heisbourg: Europe Can Afford the Cost of Autonomy.
43 Dominik Vogel zitiert in einer aufschlussreichen Sendung zu diesem Thema von Klaus Remme und Andreas Noll: Rüstungsprojekt
   FCAS. Das zähe Ringen um Europas neue Kampfflugzeuge, in:
   Deutschlandfunk, 23.04.2021, https://www.deutschlandfunk.de/ru-
   estungsprojekt-fcas-das-zaehe-ringen-um-europas-neue.724.de.
   html?dram:article_id=496201.
44 Vgl. Dominika Kunertova: European Drone Clubs Stall Strategic
   Autonomy, Policy Perspectives Vol. 9/5, Center for Security Studies
   (CSS), ETH Zürich, April 2021, S. 3.
45 Reinhard Brandl zitiert in: Klaus Remme und Andreas Noll: Rüstungsprojekt FCAS.
46 Éric Trappier zitiert in: ebd.
47 Delphine Deschaux-Dutard zitiert in: ebd.
48 Natalia Pouzyreff zitiert in: ebd.
49 Ebd.
50 Vgl. Daniela Schwarzer: Five Points to Make the EU Stronger, DGAP
   Online Commentary, 01.07.2020, https://dgap.org/en/research/pu-
   blications/five-points-make-eu-stronger.

## Geo-Ökonomie: Die Politisierung von Handel, Finanzen und Technologie

1 Elisabeth Bumiller und Thom Shanker: Panetta Warns of Dire Threat
  of Cyberattack on U.S., in: New York Times, 11.10.2012, https://
  www.nytimes.com/2012/10/12/world/panetta-warns-of-dire-threat-
  of-cyberattack.html.
2 Xi Sets Targets for China's Science, Technology Progress, in: China
  Daily, 30.05.2016, https://www.chinadaily.com.cn/china/2016-05/30/
  content_25540484.htm; Laura Zhou und Orange Wang: How ‹Made
  in China 2025› Became a Lightning Rod in ‹War over China's National Destiny›, in: South China Morning Post, 18.01.2019, https://
  www.scmp.com/news/china/diplomacy/article/2182441/how-made-
  china-2025-became-lightning-rod-war-over-chinas.
3 Laut den Daten der Weltbank, abrufbar unter: https://data.world-
  bank.org/indicator/NE.TRD.GNFS.ZS.
4 Naomi Tajitsu, Makiko Yamazaki und Ritsuko Shimizu: Japan Wants
  Manufacturing Back from China, But Breaking Up Supply Chains Is
  Hard to Do, in: Reuters, 09.06.2020, https://uk.reuters.com/article/
  us-health-coronavirus-japan-production-a/japanwants-manufactu-

ring-back-from-china-but-breaking-upsupply-chains-is-hard-to-do-idUKKBN23F2ZO.

5  Vgl. Robert Ward: The Strategic and Geo-economic Implications of the COVID-19 Pandemic, International Institute for Strategic Studies (IISS), IISS Manama Dialogue 2020 Special Publication, London 2020.

6  Die US-Regierung bemüht die aus dem Kalten Krieg stammende Sektion 232 des US-Handelsgesetzes von 1962, die es dem US-Präsidenten ermöglicht, Zölle im Namen der nationalen Sicherheit einzuführen.

7  Insbesondere die Sektion 301 des Handelsgesetzes von 1974, die es dem Präsidenten erlaubt, Zölle und Quoten gegen Handelspartner zu verhängen, die «unvertretbare», «unangemessene» oder «diskriminierende» Maßnahmen einführen. Vgl. Stormy Mildner und Claudia Schmucker: Trump's Fair Trade: Aber fair für wen?, Deutsche Gesellschaft für Auswärtige Politik (DGAP), DGAPanalyse, 06.07.2017, S. 13–17,    https://dgap.org/de/think-tank/publikationen/dgapanalyse/trumps-fair-trade.

8  In einer grundlegenden Neuausrichtung wollen die USA – so auch der Bericht des damaligen Handelsbeauftragten (USTR) Robert Lighthizer für den Kongress vom März 2017 – ihre wirtschaftliche und politische Macht nutzen, um von den Handelspartnern einen «fairen und reziproken» Marktzugang zu erzwingen. USTR, 2017 Trade Policy Agenda and 2016 Annual Report of the President of the United States on the Trade Agreements Program, https://ustr.gov/sites/default/files/files/reports/2017/AnnualReport/AnnualReport2017.pdf.

9  Ausführlicher: Josef Braml und Claudia Schmucker: Geoökonomische Antworten auf Trump. Wie die EU Handel, Finanzen und Sicherheit zusammen denken sollte, Deutsche Gesellschaft für Auswärtige Politik (DGAP), DGAP Policy Brief, Nr. 1/November 2019, https://dgap.org/sites/default/files/article_pdfs/dgap_policybrief_nr1nov2019_web_0.pdf.

10  Zitiert nach Seung Min Kim und Jeff Stein: U.S. Announces Deal with European Union to Ease Steel and Aluminum Tariffs Enacted under Trump, in: Washington Post, 30.10.2021.

11  So etwa die Forderung von Xuewu Gu: Der dritte Weg: Warum Europa den Alleingang wagen muss, in: Handelsblatt, 22.11.2019, https://www.handelsblatt.com/meinung/gastbeitraege/gastkommentar-der-dritte-weg-warum-europa-den-alleingang-wagen-muss/25253468.html.

12  Vgl. Hanns Maull: The «Alliance for Multilateralism» by Germany and France: About Time, But It Needs To Be Serious, Berlin: Stiftung

Wissenschaft und Politik, August 2019, https://www.swp-berlin.org/
en/point-of-view/2019/the-alliance-for-multilateralism-by-ger-
many-and-france-about-time-but-it-needs-to-be-serious/.

13 Die China-Mittel-Ost-Europa-Gipfel, auch «17+1»-Gipfel genannt,
sind jährlich stattfindende Treffen des chinesischen Minister-
präsidenten mit den Regierungschefs mittel- und osteuropäischer
Länder.

14 China Tensions Spill Over as Europe Moves Toward Biden's Side, in:
Bloomberg News, 04.05.2021, https://www.bloomberg.com/news/
articles/2021-05-03/china-tensions-spill-over-as-europe-moves-to-
ward-biden-s-side.

15 Laut den Berechnungen von Goldman Sachs, zitiert in: Julian Lee:
Welcome to a Truly Free Oil Market, in: Bloomberg, 29.03.2020,
https://www.bloomberg.com/opinion/articles/2020-03-29/the-coro-
navirus-means-it-s-a-truly-free-market-for-oil.

16 «Bestehende Instrumente bieten europäischen Unternehmen keinen
ausreichenden Schutz vor unilateralen US-Sanktionen. Die deutsche
und europäische Autonomie in der Energieversorgung könnte dadurch auf absehbare Zeit empfindlich beeinträchtigt werden», lautet
das Fazit von Sascha Lohmann und Kirsten Westphal: Unilaterale
US-Sanktionen gegen Petrostaaten. Die Geopolitisierung des internationalen Ölmarkts, Stiftung Wissenschaft und Politik, SWP-Studie
28, Berlin, Dezember 2019, S. 1.

17 Vgl. Randolph Bell: Celebrating the Collapse of the US Oil and Gas
Industry Isn't the Path to a Just Energy Transition, in: Real Clear
Energy, 26.04.2020, https://www.realclearenergy.org/articles/2020/
04/26/celebrating_the_collapse_of_the_us_oil_and_gas_industry_is_
not_the_path_to_a_just_energy_transition_490078.html.

18 So gehen selbst die optimistischen Erwartungen des Ölkonzerns BP
davon aus, dass die Öl-Nachfrage in der nächsten Dekade nur noch
um 0,3 Prozent jährlich steigen und in den 2030er-Jahren ein Plateau
erreichen wird. BP, Energy Outlook, 2019 Edition, London 2019,
S. 79, https://www.bp.com/content/dam/bp/business-sites/en/glo-
bal/corporate/pdfs/energy-economics/energy-outlook/bp-energy-
outlook-2019.pdf.

19 Laut der amerikanischen Energiebehörde verfügt der Iran nach Russland über die zweitgrößten Gas- und nach Venezuela, Saudi-Arabien und Kanada die viertgrößten nachgewiesenen Ölreserven der
Welt. U.S. Energy Information Administration (EIA): Country Ana-
lysis Executive Summary: Iran, Washington, DC, 07.01.2019, S. 1, 5,
https://www.eia.gov/international/content/analysis/countries_long/
Iran/pdf/iran_exe.pdf.

20 Des Weiteren könnte man noch das (transatlantisch weniger relevante) Vorgehen der US-Regierung gegen Venezuela anfügen. Die US-Sanktionen gegen Venezuela spielen ebenso China in die Hände, das schon seit Längerem bemüht ist, seinen wachsenden Energiehunger im «Hinterhof» der USA, der «Hemisphäre», zu stillen.

21 The White House: Remarks by President Trump on American Energy and Manufacturing, 13.08.2019, https://www.whitehouse. gov/briefings-statements/remarks-president-trump-american-energy-manufacturing-monaco-pa/.

22 The White House: National Security Strategy of the United States, Washington, DC, Dezember 2017, S. 22, https://www.whitehouse.gov/ wp-content/uploads/2017/12/NSS-Final-12-18-2017-0905-2.pdf.

23 Timothy Gardner: US Senators Boost Pressure on Saudi, Russia Over Oil Market Share War, in: Reuters, 19.03.2020, https://www. reuters.com/article/us-global-oil-usa-saudi/us-senators-boost-pressure-on-saudi-russia-over-oil-market-share-war-idUSKBN21601P.

24 So kippte der US-Referenzpreis für das West Texas Intermediate (WTI)-Öl für Mai 2020 sogar ins Negative.

25 Vgl. Spoiler Alert, A historic OPEC+ Deal to Curb Oil Output Faces Many Obstacles, in: Economist, 13.04.2020, https://www.economist. com/finance-and-economics/2020/04/13/a-historic-opec-deal-to-curb-oil-output-faces-many-obstacles.

26 Andreas Goldthau: Global Energy in Transition. How the EU Should Navigate New Realities and Risks, Deutsche Gesellschaft für Auswärtige Politik, DGAP Policy Brief, Nr. 4, Berlin, November 2019.

27 Laut S&P Global Platts, einem Preis-Informationsdienst für den Handel mit Energie, Rohstoffen und Agrarprodukten, senkte Saudi Aramco für Mai 2020 die Ölpreise für die Export-Destination Asien, während es die Preise für andere Destinationen ansteigen ließ. Zitiert in: Spoiler Alert: A historic OPEC+ Deal.

28 Wladimir Putin, zitiert nach: Jane Perlez: China and Russia Reach 30-year Gas Deal, in: New York Times, 21.05.2014, https://www.nytimes.com/2014/05/22/world/asia/china-russia-gas-deal.html.

29 Gazprom: Russia and China Signed the Biggest Contract in the Entire History of Gazprom, 21.05.2014, https://www.gazprom.com/ press/news/2014/may/article191451/.

30 China, Russia Clinch Natural Gas Supply Pact, in: Bridges, 22.05. 2014, https://ictsd.iisd.org/bridges-news/biores/news/china-russia-clinch-natural-gas-supply-pact.

31 Matthew Forney: China's Going-out Party, in: Time Magazine, 17.01.2005.

32 Wu Lei und Shen Qinyu: Will China Go to War over Oil?, in: Far Eastern Economic Review, 69 (April 2006) 3, S. 38–40.

33 Department of the Treasury/Federal Reserve Board: Major Foreign Holders of Treasury Securities, Washington DC, 15.04.2021, https://ticdata.treasury.gov/Publish/mfih.txt.

34 Charles Schumer, zitiert in: Eric Lipton und Raymond Hernandez: A Champion of Wall Street Reaps Benefits, in: New York Times, 14.12.2008, S. A1.

35 Vgl. Marc Labonte: Monetary Policy and the Federal Reserve. Current Policy and Issues for Congress, Congressional Research Service (CRS), CRS Report for Congress, Washington, DC, 18.06.2015, S. 13–14.

36 Frank Wiebe und Jan Mallien: Weiterhin im Krisenmodus, in: Handelsblatt, 18.09.2015, S. 28.

37 Board of Governors of the Federal Reserve System, Recent Balance Sheet Trends, abrufbar unter: https://www.federalreserve.gov/monetarypolicy/bst_recenttrends.htm.

38 Robert E. Scott im Interview mit Benjamin Bidder: Linksruck in den USA: «Deutschland ist Teil des Problems», Spiegel Online, 27.04.2021, https://www.spiegel.de/wirtschaft/donald-trumps-erbe-warum-sich-die-usa-von-der-globalisierung-abwenden-a-780a9df4-e72a-497f-b46e-367be3d4e5d9.

39 Robert Zoellick zitiert in: Alexander Bolton: Lawmakers Show Worry over U.S.Dollar's Dwindling Status, in: The Hill, 10.08.2009.

40 Ebd.

41 D. Ku: Treasuries Purchases Will Depend on Risk. China's Wen, in: Reuters, 31.01.2009.

42 Gita Gopinath und Jeremy Stein: Banking, Trade, and the Making of a Dominant Currency, in: The Quarterly Journal of Economics, 136 (2021) 2, S. 783–830, https://doi.org/10.1093/qje/qjaa036.

43 Jeffrey Schott: Raising a Caution Flag on US Financial Sanctions against China, Peterson Institute for International Economics, Policy Brief 21–1, Washington, Januar 2021, https://www.piie.com/sites/default/files/documents/pb21-1.pdf.

44 Lael Brainard: The Digitalization of Payments and Currency: Some Issues for Consideration, Speech at the Symposium on the Future of Payments, Stanford, California, 02.02.2020, https://www.federalreserve.gov/newsevents/speech/brainard20200205a.htm.

45 Lael Brainard: An Update on Digital Currencies, Speech at the Federal Reserve Board and Federal Reserve Bank of San Francisco's Innovation Office Hours, San Francisco, California. 13.08.2020,

https://www.federalreserve.gov/newsevents/speech/brainard20200
813a.htm.

46  Xin Wang: Speech at Peking University's Institute of Digital Finance,
08.07.2019, zitiert nach: Martin Chorzempa: China's Pursuit of
Leadership in Digital Currency, Testimony before the US-China
Economic and Security Review Commission, Washington, DC,
15.04.2021.

47  Changchun Mu: Remarks at the China Finance 40 Yichun Forum,
2019, zitiert nach: Future Finance. China's PBOC Says Its Own
Cryptocurrency Is ‹Close› to Release, in: Bloomberg News, 12.08.
2019.

48  Laut den Daten des IWF, abrufbar unter: https://data.imf.org/?sk=
E6A5F467-C14B-4AA8-9F6D-5A09EC4E62A4.

49  SWIFT: RMB Tracker, April 2021, https://www.swift.com/our-solu-
tions/compliance-and-shared-services/business-intelligence/ren-
minbi/rmb-tracker/rmb-tracker-document-centre.

50  Vgl. Martin Chorzempa: China's Pursuit of Leadership in Digital
Currency.

51  Ausführlicher: Josef Braml: USA: Zwischen Rechtsschutz und Staats-
schutz. Einschränkung persönlicher Freiheitsrechte, Stiftung Wissenschaft und Politik (SWP), SWP-Studie Nr. S 5, Berlin, Februar 2003.

52  White House, President Barack Obama's Inaugural Address, 21.01.
2009, abrufbar unter: http://www.whitehouse.gov/blog/inaugural-
address/.

53  Erich Schmidt-Eenboom zitiert in: Jan Guldner: Freundschaftsan-
frage von der NSA. Wie Geheimdienste die sozialen Netzwerke nutzen – und mit welchen Folgen, in: Internationale Politik, November/
Dezember 2014, S. 19.

54  Ausführlicher dazu: Glenn Greenwald: Die globale Überwachung.
Der Fall Snowden, die amerikanischen Geheimdienste und die Folgen, München 2014.

55  Dianne Feinstein: Statement on Intel Committee's CIA Detention,
Interrogation Report, 11.03.2014, https://www.feinstein.senate.gov/
public/index.cfm/2014/3/feinstein-statement-on-intelligence-com-
mittee-s-cia-detention-interrogation-report.

56  US-China Relations Are Entering a Dangerous Period, in: The Economist, 30.07.2020, https://www.economist.com/leaders/2020/07/30/
us-china-relations-are-entering-a-dangerous-period.

57  Walter Russell Mead: Global Challenges and Grand Strategy, Testimony Delivered to the United States Senate Committee on Armed
Services, Washington, DC, 22.10.2015, http://www.the-american-in-
terest.com/2015/10/22/global-challenges-and-grand-strategy/.

58  Ben Bernanke, zitiert in: Alison Burke: Ben Bernanke, Michael O'Hanlon and Mark Muro on the Future of Defense Spending and Its Economic Impacts, in: Brookings Blog, 18.08.2015, https://www.brookings.edu/blog/brookings-now/2015/08/18/ben-bernanke-michael-ohanlon-and-mark-muro-on-the-future-of-defense-spending-and-its-economic-impacts/.

59  Mark Muro, zitiert in: ebd.

60  Ursula von der Leyen: Ansprache der Präsidentin von der Leyen auf der Davos Agenda Woche, Europäische Kommission, Brüssel, 26.01.2021, https://ec.europa.eu/commission/presscorner/detail/de/speech_21_221.

61  Brian Fung: How Google's Alphabet Restructuring Helps Protect the Web As We Know It, in: Washington Post, 21.08.2015.

62  Eric Schmidt, zitiert in: Robert Maier: Von der Suchmaschine zur Weltmacht. Angst vor Google, in: faz.net, 03.04.2014, http://www.faz.net/aktuell/feuilleton/debatten/weltmacht-google-istgefahr-fuer-die-gesellschaft-12877120.html.

63  Margrethe Vestager zitiert in: EU wirft Amazon Kartellverstöße vor, in: Tagesschau.de, 10.11.2020, https://www.tagesschau.de/wirtschaft/eu-kartellklage-gegen-amazon-101.html.

64  Xi Jinping: Promoting High-Quality Development of Belt and Road Cooperation, Opening Remarks by H. E. Xi Jinping, President of the People's Republic of China, At the Leaders' Roundtable of The Second Belt and Road Forum for International Cooperation, Peking, 27.04.2019, https://www.chinadaily.com.cn/a/201904/27/WS5d9c59 82a310cf3e3556f389.html.

65  Ausführlicher: Matteo Colombo, Federico Solfrini und Arturo Varvelli: Network Effects: Europe's Digital Sovereignty in the Mediterranean, European Council on Foreign Relations (ECFR), ECFR Policy Brief, 04.05.2021, https://ecfr.eu/publication/network-effects-europes-digital-sovereignty-in-the-mediterranean.

66  Ebd.

67  Ebd.

68  Walter Russell Mead: Global Challenges and Grand Strategy, Testimony Delivered to the United States Senate Committee on Armed Services.

## Europäische Souveränität:
## Leitlinien einer neuen Außenpolitik

1 Vgl. Walter Russell Mead: Global Challenges and Grand Strategy, Testimony Delivered to the United States Senate Committee on Armed Services.
2 Emmanuel Macron: Speech of the President of the Republic on the Defense and Deterrence Strategy.
3 Ebd.

## Schluss

1 Zitiert in: Dana Milbank: ‹We are closer to civil war than any of us would like to believe,› new study says, in: Washington Post, 17.12. 2021, https://www.washingtonpost.com/opinions/2021/12/17/how-civil-wars-start-barbara-walter-research/?utm_medium=email& utm_source=newsletter&wpisrc=nl_opinions&utm_campaign=wp_ opinions.
2 Barbara F. Walter: How Civil Wars Start: And How to Stop Them, New York 2022.